江偉英名師工作室

思维变革

导图在教育教学中的应用实例解析

江伟英 著

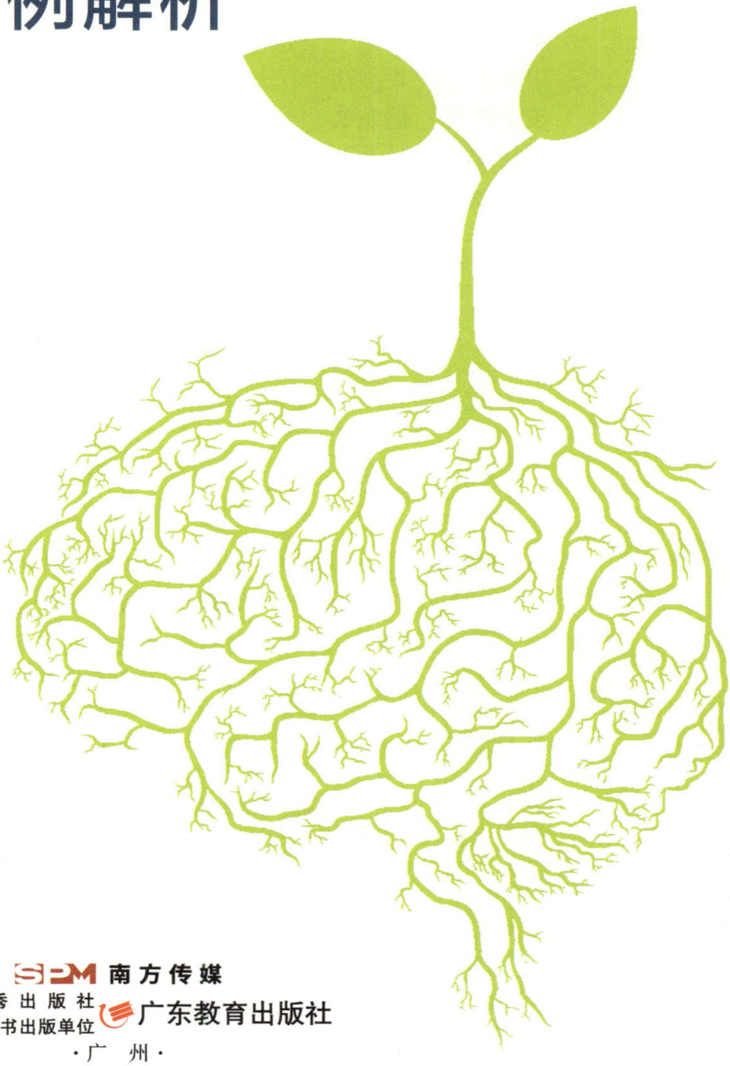

SPM 南方传媒
全国优秀出版社
全国百佳图书出版单位
广东教育出版社
·广 州·

图书在版编目（CIP）数据

思维变革：导图在教育教学中的应用实例解析 / 江伟英著. — 广州 ：广东教育出版社，2022. 6

ISBN 978-7-5548-4811-1

Ⅰ. ①思… Ⅱ. ①江… Ⅲ. ①中小学—教学研究 ②学前教育—教学研究 Ⅳ. ①G632.0 ②G612

中国版本图书馆CIP数据核字（2022）第085335号

出 版 人：朱文清
策划编辑：杨龙文
责任编辑：吴毛孜 杨龙文
责任技编：吴华莲

SIWEI BIANGE DAOTU ZAI JIAOYU JIAOXUE ZHONG DE YINGYONG SHILI JIEXI
思维变革——导图在教育教学中的应用实例解析
广东教育出版社出版发行
（广州市环市东路472号12-15楼）
邮政编码：510075
网址：http://www.gjs.cn
广州市岭美文化科技有限公司印刷
（广州市荔湾区花地大道南海南工商贸易区A幢）
787毫米×1092毫米 16开本 10.75印张 215 000字
2022年6月第1版 2022年6月第1次印刷
ISBN 978-7-5548-4811-1
定价：65.00元
质量监督电话：020-87613102 邮箱：gjs-quality@nfcb.com.cn
购书咨询电话：020-87772438

代 序

“点火人”江伟英：在画图中阅读作文，点燃灵性和激情

文／羊城晚报记者蒋隽

导语

在学习中，人通过死记硬背、刷题，知识储备就赛得过电脑吗？

想一想，我们在工作、生活中所使用的知识，有多少是教师教的？有多少是自学的？近30年的教育研究表明，学生通过教师学得的知识只有10%~20%，而绝大部分知识是靠自学获得的，更别说在技术日新月异、知识爆炸和终身学习型的未来。

广东省特级教师、正高级教师、广东省中小学教师工作室主持人、华南师范大学附属小学副校长江伟英，十几年来沉浸于研究如何将思维导图引入语文课堂，用画图的方式教学生阅读和作文，发掘学生潜能，放飞灵性，激发学习原动力，坚定学生心中信念，免受岁月风化。

功夫不负有心人，江伟英老师的“天生会表达”课程获得了首届国家基础教育教学成果二等奖。

华南师范大学附属小学线上课程：边画图边写作

不少学生，读课文只有认得字词的感觉，所有字句在他们眼里只是一个个没有联系没有意义的单位，在教师的讲解下懂了一篇课文，

换一篇文章还是不懂；作文言之无物，内容空洞；等等。遇到这类问题怎么办？边画图，边阅读，边写作，让写作变得像画画那么快乐就行了。

2020年3月2日，华南师范大学附属小学推出免费线上课程“天生会表达：江老师的阅读写作课”，教学对象是1~6年级的学生，目标在于让其掌握如何利用思维导图阅读和写作。

该课程以江伟英及其团队十多年的研究成果作为教材，课程分为赏佳作、画导图、写文章三个环节，应用思维导图直观地指引学生赏析教材中的名篇佳作，接着绘制思维导图，引导学生写作与表达，从而逐步培养学生字词句篇的建构、思维能力和审美鉴赏等语文素养。

课程还配套视频，依据小学新课程标准中对阅读写作能力的要求，从“内容与交际目的”“思维与结构”“修辞与言语”3个维度，纵横拉开了7个星级，共78个专题的学习网，覆盖了小学整个学段。

十几年来，江伟英致力于利用思维导图提高小学生读写能力的研究与实践，2013年获第八届广东省普通教育教学成果一等奖，2014年获首届国家基础教育教学成果二等奖，出版过多本专著，编写了多套帮助学生高效学习的参考用书。

【一】图解语文

1. 图解语文案例

案例1

6岁女孩这样记录自己的一天：

今天，我和爷爷去游泳，我玩得很开心，我说：“下次还来。”

江伟英让孩子围绕游泳随意画画，把想到的关于游泳的内容都画出来。孩子用简单的图标或色彩画出了游泳的时间、地点、人物、经过之后，再给画的内容连线，编排出顺序之后，再看着自己的画，修改之前写下的句子。

这次，孩子写道：

今天，天下起了小雨。我和爷爷去水上乐园游泳，游着游着出太阳了，金黄的太阳对我们笑眯眯的，水变得更蓝了。我和爷爷玩得好开心。我高兴地说："下次还来玩。"

案例 2

有一个 6 岁的孩子跟爸妈去公园玩，回来后用图画表达自己的感受。

孩子用太阳、气球、向日葵占满画面，大大的妈妈和他牵着手，小小的爸爸在画的角落，手中拿着一方块。

画面内容一目了然：阳光灿烂，花开得特别漂亮；妈妈总牵着孩子的手，所以妈妈特别高大；爸爸总是跟在后面老远的地方拿着手机，所以只是小小地画在角落。

"这都是孩子的真情实感，印象最深刻的场景，没有一点多余的笔墨，没有画半点跟中心无关的内容。"江伟英分析认为，看孩子的图画就能知道，他们真心不愿意记多余的、与中心无关的场景；他们天生会表达、会写作，天生懂得记下真实的、印象深刻的事情，"这一天赋，如果能被重视和保护起来，迁移到写作上，何愁不会写作文，何愁作文没个性，何愁作文写成流水账呢？"

2. 语文思维导图阅读课怎么上？

江伟英的班级，每个学生都有一本图画本。语文课文预习绝对不是读一遍了事，而是要边阅读，边根据阅读所得画一幅思维导图，内容包括故事情节、人物、性格特点、好词好句、修辞手法……所有自己看得懂的、领悟到的，都要用自己能看明白的方式画出来，这样才算完成阅读课的思维导图。

每学习一篇新课文的第一堂课，是生字词自学汇报课：学生上台将在课文中找到的生字词、四字词、叠词、多音字等写到黑板上；台下学生充当小老师发现错别字；当堂听写。这样，学生当堂可以达到 93% 以上的生字词过关率，课后只需订正课堂上写错的字词并重新听写即可，课后作业负担由此减轻。

第二堂课，汇报。不是教师讲授，而是由学生讲解课文。课堂上，学生无须举手，随时可自由发言。每个学生都必须分享自己画的思维导图，汇报至少一个方面的理解。汇报过程中，学生不断根据他人的内容在自己的思维导图上补充和修改；轮到自己了，看着自己的思维导图，说出不同的见解。整个汇报过程，江伟英多角度点拨，帮助学生加深对文章的理解。

江伟英跟学生约法三章：第一，两个同学同时站起来的话，让没发过言的同学优先发言，“逐渐培养学生谦让、乐于倾听的品质”；第二，不能重复前面同学说过的内容，“学生必须集中注意力，专心听别人的内容讲解，自觉接受集体监督，并学会尊重别人”；第三，边听边思考，“不断完善自己的思维导图”。

课后，学生再把自己的思维导图整理、补充完整。在这个过程中，学生们也许又会有其他发现，例如《钓鱼的故事》。一个学生在整理自己的思维导图时，无意中发现了“月亮”是表达情绪的暗线。

一个班四十来个学生，意味着每个学生都要准备多个观点。长此以往，学生们在自愿、自觉、开放、开心的状态下锻炼了思考能力和自学能力，知识点的掌握也更牢固。

养成画思维导图的习惯之后，课堂中最忙碌的就是学生了，教师只需静观、调控和提点即可。

“思维导图的形象性、层次性、关联性和可扩展性，能将大脑思维过程具体化、可视化和直观化。”江伟英说，在阅读中，思维导图能帮助学生记忆、组织与创造，能提升思维技巧，启迪发现，激发探索和求知热情。

3. 写作思维导图怎么画？

有了阅读的输入，写作输出也就不是难事了。写作中，思维导图引领、整合学生的思维，不但没让一闪而过的灵感跑掉，而且让每一朵闪现的思想火花都可以燃烧起来。

江伟英指导学生：第一步，将所有围绕创作主题的一连串事情的关键词写下来，或简单地画出来，跟着感觉走，不必理会对错、是否应该；第二步，让大脑放松，回忆、联想或思考片刻，对画出的内容进行筛选，或把闪现的点滴继续补充到思维导图中，完善写作思维导图；第三步，再次修改和完善，组织所选意念，编好序号，按图索骥，完成写作。

学生这样写出的作文，修辞、语言灵活，感受和细节跃然纸上。

【二】江伟英：现在当老师不一样了，不比“水多”而做“点火人”

有的人，成为大人之后，就忘了儿时的感受。这样的人，大抵不适合当老师。

江伟英从小就是个容易迷路的人，由此引发思考：怎样才能帮助学生在理解和思考时“不迷路”？什么方法能让孩子在疑惑不解时能找到解决问题的可靠“标志”？

她儿时贪玩，课堂上爱开小差，所以对上课调皮、小动作多的学生，总是很宽容，甚至同情。

她小学一见四则运算就头疼，被留堂，所以她认为，学习不太好，或看似表现一般的孩子，大多是很内秀的，或许可以培养出他们的内秀特质……

工作第一年，她一边教书，一边学室内装饰设计；工作第13年、女儿6岁时，她考取教育硕士，苦读三年。

从自己的求学经历到教书育人，江伟英信奉的都是授人以鱼不如授人以渔。“每个人自己回忆一下，从儿时到长大独立解决工作、生活中的难题，哪样东西是老师直接教给你的？都不是。学到的东西不是靠老师告诉你的，而是你自己用心记忆学习的结果，或者是查阅、阅读过程中激活了已有认知，从而产生新的认识、思想和观点。”

“如果语文课像流水线一样，全班同学齐刷刷地读同一段课文，齐刷刷地想同一个问题，齐刷刷地做同一组练习，课后抄一样的词语、一样的习题……”她思考，这样的学生，若哪天不能依靠老师创设学习情境，没有老师有针对性的提问、营造氛围，还能自己学习、阅读和思考吗？学生如何消除自己与抽象文本之间的隔膜，无师自通？

所以，与思维导图相遇，将之作为教学改革的切入点，图解语文，是偶然，也是必然。

她从不把考试高分当成语文教学的目标，“学语文不仅是学习语文课本的内容及相关的知识和信息，更重要的是学习如何遣词造句、记述自己的感悟与理解，以及如何表达自己的观点、表述自己的思维结果。”

她追求，学生自己反复深入地阅读、思考，找出矛盾根源所在，亲身参与到把问题弄懂、把知识建构起来的过程中，让学生不迷信标准答案，学会自己思考与判断。

“当老师，跟以前不一样了！”江伟英说，以前在师范学校的时候被教导：老师要给学生一杯水，首先自己要有一桶水。“现在不是了，大家都有网络资源在身边，老师不再是跟学生比谁水多，而是三人行必有我师。每个孩子、老师都从自己的角度，查找相关信息，思想互相碰撞。”江伟英主张，老师要当点火人，“拼命去点火，星星之火可以燎原”。

“老师自己首先得有打火石，有点燃别人的功力，点燃学生的思维、激情，调动学生学习兴趣，教给他们思维的工具和方法。”她说。

导图索引

幼儿园阶段导图索引

小学阶段导图索引

（续表）

导图范畴	导图名称	导图类型	对应页码
语文	《桂林山水》	曲线图	16
	《桂林山水》1～2	鱼骨图	16～17
	《桂林山水》	树形图	17
	《二十年后回故乡》	鱼骨图	18
	《离别》	鱼骨图	18
	《难忘的天池美景》	鱼骨图	19
	《彩虹》	思维导图	21
	《 石灰吟》	树形图	23
	《天净沙·秋思》	环形图	24
	《中国古典名著》	环形图	26
	《青山不老》	鱼骨图、韦恩图	42
	《海底世界》	思维导图、鱼骨图、金字塔图	45～48
	《落花生》	思维导图、韦恩图	52～53
	《手指》	思维导图、韦恩图	54～56
	《美丽的小兴安岭》	思维导图	56～57
	《雪孩子》	思维导图	60
	《乌鸦喝水》	环形图	61
	《荷叶圆圆》	思维导图	62
	《雪地里的小画家》	思维导图	62
	《我要的是葫芦》	思维导图	63
	《搭船的鸟》	思维导图	65
	《红岩》	鱼骨图	66
	《西游记》	思维导图	67
	《大自然的声音》	金字塔图、树形图	68
	《外国的熊猫怎么来》	棒棒糖形导图	72

（续表）

（续表）

导图范畴	导图名称	导图类型	对应页码
语文	《削笔刀》	写作鱼骨图	122
	《我的读书经历》	鱼骨图	121
	《二十年后回故乡》	写作鱼骨图	121
	《采访框架》	鱼骨图	121
	《蜘蛛开店》	棒棒糖形导图	123
	《小壁虎借尾巴》	思维导图	124
	《我看见了那本书》	写作思维导图	125
	《善有善报，恶有恶报》	韦恩图	125
	《切开的果实》	思维导图	127
	《过山车》	思维导图	128
	《四季》	棒棒糖形导图	131
	《鸟的天堂》	鱼骨图	132
	《我们的强强》	金字塔图	133
	《小毛虫》	棒棒糖形导图	136
	《彩色的非洲》	金字塔图	137
	《梦想的力量》	棒棒糖形导图	139
数学	《换算》	思维导图	27
	《几何初步和三角形》	思维导图	29
	《三角形的分类》	金字塔图	29
	《四边形和特殊四边形》	环形图	30
	《认识图形》	鱼骨图	30
	《数学知识梳理：常用数量关系》	思维导图	31
	《认识时间》	思维导图	32
	《运算律与简便计算》	金字塔图	33
	《整式乘除》	鱼骨图	34

（续表）

中学阶段导图索引

（续表）

导图范畴	导图名称	导图类型	对应页码
语文	《荷塘月色》	鱼骨图	111
	《曹刿论战》	蝴蝶图	126
	《将相和》	韦恩图	138
	《礼记·中庸》	蝴蝶图	139
数学	《直角三角形》	金字塔图	8
	《运算定律·简算》	环形图	28
	《初中函数》	思维导图	34
	《平行线》	导图	85
英语	《句子》	鱼骨图	35
	Four seasons	思维导图	36
	How to Write a Passage?	导图	37
历史	《中国现代史》	思维导图	49～50
物理	《力》	思维导图	58
	《浮力》	思维导图	58
	《氢原子光谱》	金字塔图、树形图	59
生物	《生物的特征》	鱼骨图	128
	《人体血管和系统》	气泡图	133
体育	《篮球各位置技术要求》	鱼骨图	86
	《第九套广播体操》	思维导图	87
	《体育与健康》	鱼骨图	150
学校管理	《学校管理优化》	鱼骨图	145
	《学校精细化管理》	思维导图	146

目　录

第一章
既培养兴趣　又学会方法

“兴趣是最好的老师”，而这位“最好的老师”，如果能教会学生学习的方法，培养学生乐于思考和钻研的精神，便可令学生获得持久的学习兴趣，拥有可持续发展的能力。本书将介绍一种科学的思维方式——画导图，它既能培养学生兴趣，又可以让学生学会科学的思维方法，正所谓“最好的老师”。

导图是直观引导学生思考的逻辑框架图，在引导学生思考问题、解决问题的过程中培养其结构化思维；导图是一种有助于解决问题的思维方式，能帮助学生在面临任务时，紧紧围绕核心问题，从多个维度、多个层次清晰地、全面地进行思考，能够突出重点、条理分明、有理有据地进行表达。

那么，导图是怎样激发学生浓厚的学习兴趣，同时让学生学会科学思维方法的呢？

一、导图激趣

导图，是指在思维实践中总结提炼出来的一系列思维模型。导图的种类有很多，包括思维导图、韦恩图、蝴蝶图、金字塔图、鱼骨图、环形图等。

1. 思维导图

思维导图是导图中最为常用的一种。思维导图是英国学者托尼·巴赞在20世纪70年代开创的。在讲述自己构建思维导图的初衷时，托尼·巴赞教授说，思维导图是一种把大脑思维具象化的图式，能够激活孩子的左右脑，激发想象和联想的能力，全面训练学习力、记忆力和专注力，帮助孩子掌握各种学习技巧，挖掘孩子的思维潜力。托尼·巴赞教授所定义的思维导图主要是根据神经元细胞（如图 1-1-1）由中心向外发散的网状造型联想出来的，类似由一个中央关键词，向周围发散分枝的树状图（如图 1-1-2）。

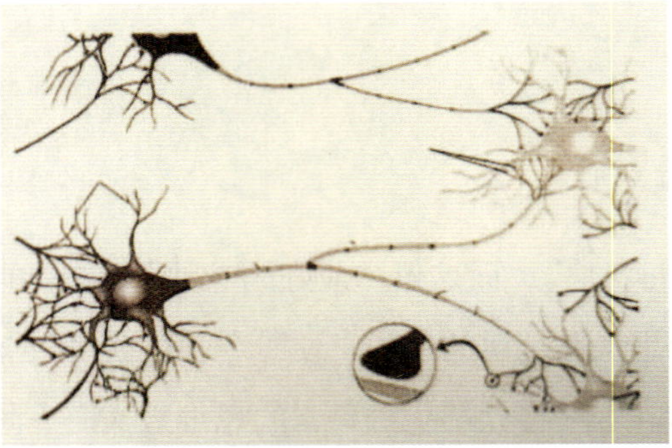

图 1-1-1　神经元细胞图

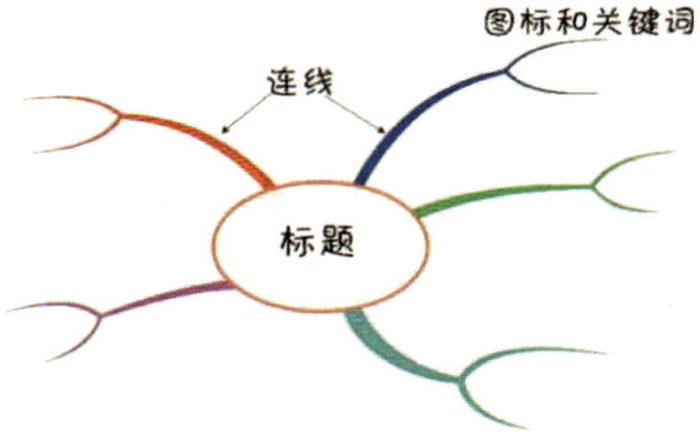

图 1-1-2　思维导图图式

用思维导图整合各知识点，直观地呈现所有的学习内容，这是一种很好的笔记方式，它能激活图像记忆，帮助实现长时记忆。托尼·巴赞教授首先将思维导图应用于训练一群“学习障碍者”和“阅读能力丧失者”。这些被称为“失败者”或曾被放弃的学生，很快变成优等生，其中更有一部分成为同年级学生中的佼佼者。

思维导图不仅能引导学生掌握回归自然的思维方式，学会直观地表达发散性思维和创造性思维的结果；也可以是一种笔记形式，例如下页图中展示的《精卫填海》《守株待兔》的学习笔记，就是用思维导图的形式来呈现的。

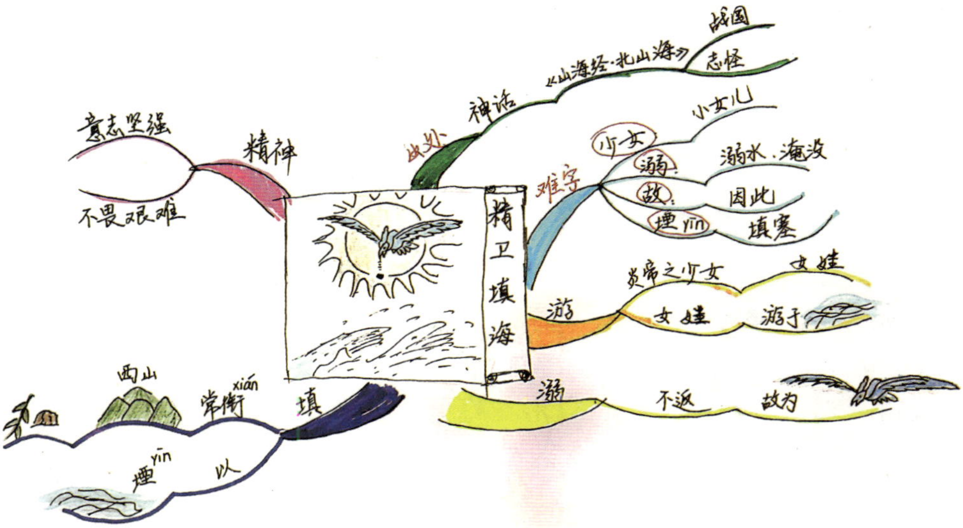

图 1-1-3 《精卫填海》思维导图

图 1-1-4 《守株待兔》思维导图

棒棒糖形导图是在十多年的导图教学实践中总结出来的一种思维导图的变式，是孩子在思考过程中最喜欢用的一种。棒棒糖形导图由中心主题出发，单线延伸、单向发展，是一种促进学生深度思考的思维图式，其基本图式如图 1–1–5。

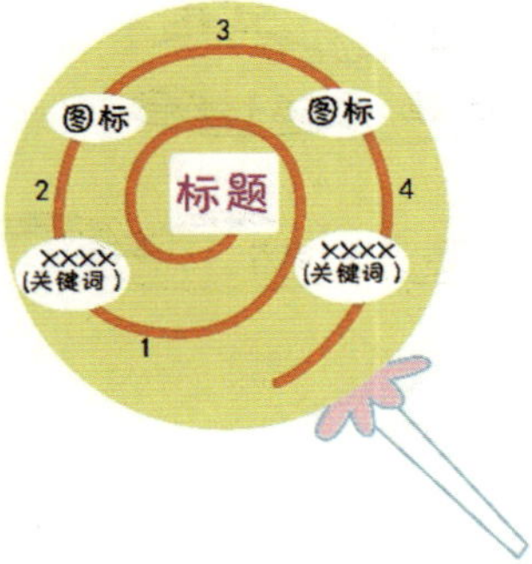

图 1-1-5　棒棒糖形导图图式

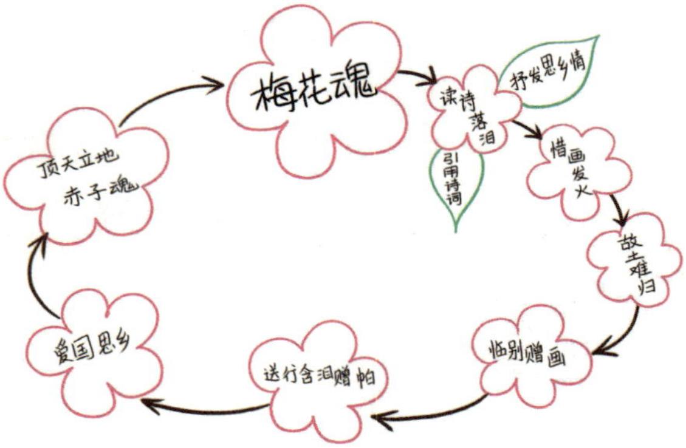

图 1-1-6　《梅花魂》棒棒糖形导图

图 1-1-7　《画杨桃》棒棒糖形导图

通过画棒棒糖形导图，可以清晰地看到《梅花魂》《画杨桃》的故事结构与脉络。例如，《梅花魂》一文始终以“梅花”为线索贯穿各部分的叙事，引用了许多的古诗名句，表达身在异国的华侨老人那一颗眷恋祖国的心，这些隐藏在文中的奥秘在导图中直观可见。

2. 韦恩图

韦恩图是用封闭曲线表示集合及两三类事物间关系的图式，能帮助学生直观地进行区别和对比异同，其基本图式如右：

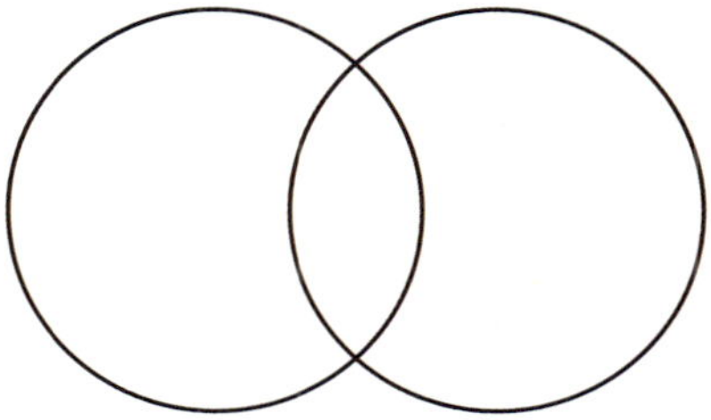

图 1-1-8　韦恩图图式

例如，阅读《两小儿辩日》这则寓言故事并画韦恩图进行品读，可以直观地梳理出这篇小古文的叙述内容。文中讲了两个小孩子，凭着各自的直觉“辩日”。一个认为太阳中午时离人很近，另一个觉得太阳中午时离人很远。为此，孔子这样博学的人也无法判断对错。这则寓言告诉我们，看问题的角度不一样，结果就不一样。宇宙无限，知识无穷，再博学的人也会有不知道的知识，所以学无止境。

《石缝间的生命》是一篇富有人生哲理的散文，应用韦恩图的扩张画法，直观地用三个圈分别代表野草、蒲公英和松柏，从而轻松地提炼出这篇文章的主题思想，即托物言志，阐明人要在艰苦的环境中不断地发现自己、认识自己、磨炼自己，最终才能成为超越自我、驾驭生活的强者。

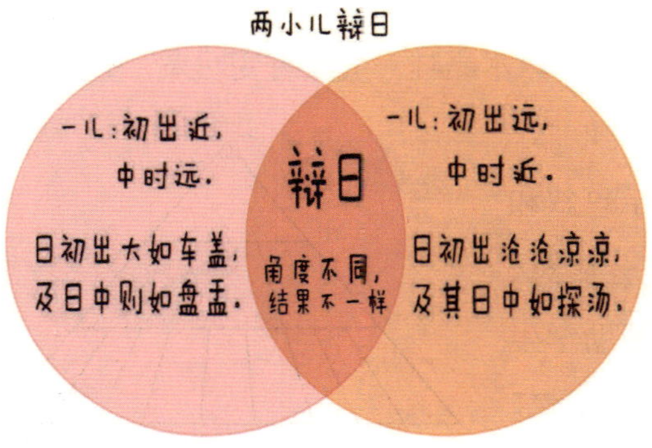

图 1-1-9　《两小儿辩日》韦恩图

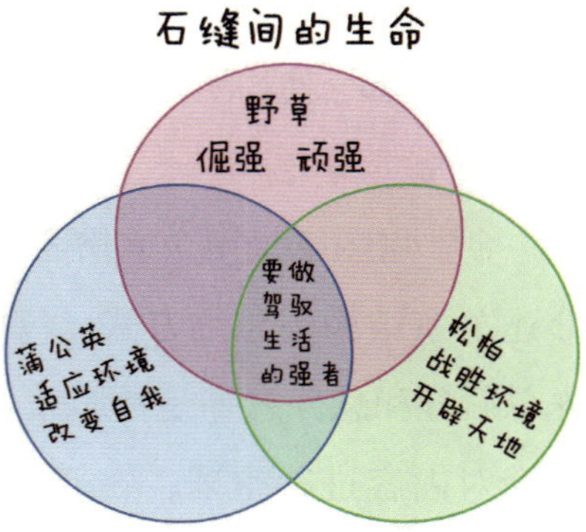

图 1-1-10　《石缝间的生命》韦恩图

3. 蝴蝶图

蝴蝶图是形状像蝴蝶的轴对称图，主要是围绕中轴上标出的中心内容展开辩证，蝴蝶的左右翅膀分别代表赞成与反对两方面的思考。蝴蝶图可以帮助学生对内容、观点、感受进行批判性思考，帮助学生打开分析、评价、创造之窗。其基本图式如右：

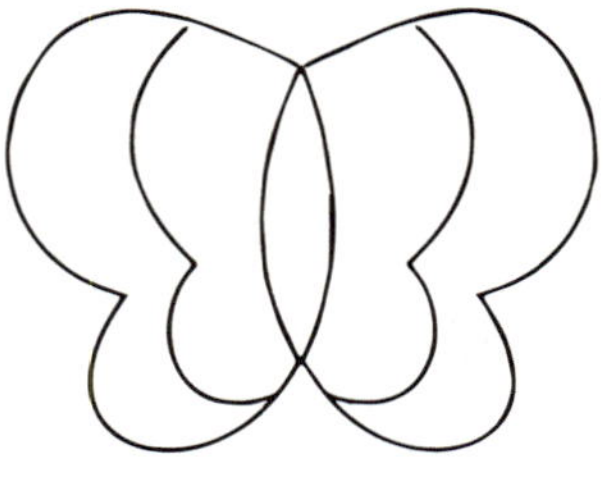

图 1-1-11　蝴蝶图图式

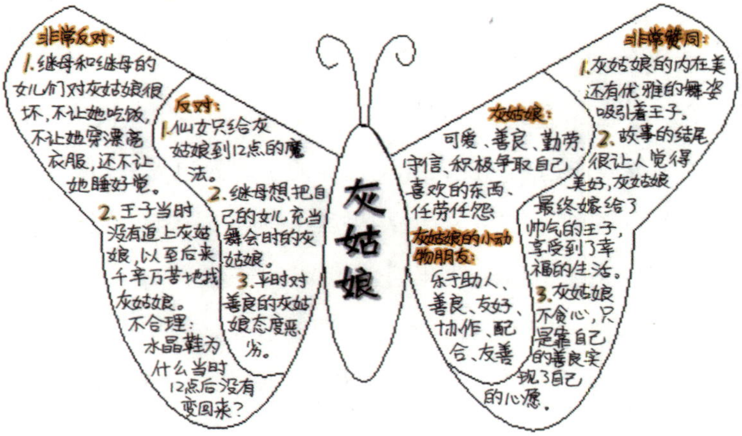

图 1-1-12　《灰姑娘》蝴蝶图

例如，阅读《灰姑娘》的故事并画蝴蝶图。在画图过程中，学生自主判断，写出作品的优缺点，写出故事想象中不合理的部分，比如学生会提出“魔法在 12 点都会使物品变回来，为什么那一只水晶鞋一直没有变回来”等。

4. 金字塔图

金字塔图就是用金字塔图式表示总叙和分述关系结构的思维方式，包括先分后总、先总后分和总分总等三种形式，能帮助学生学会对内容进行整理、分组、分析和记忆。其基本图式如右：

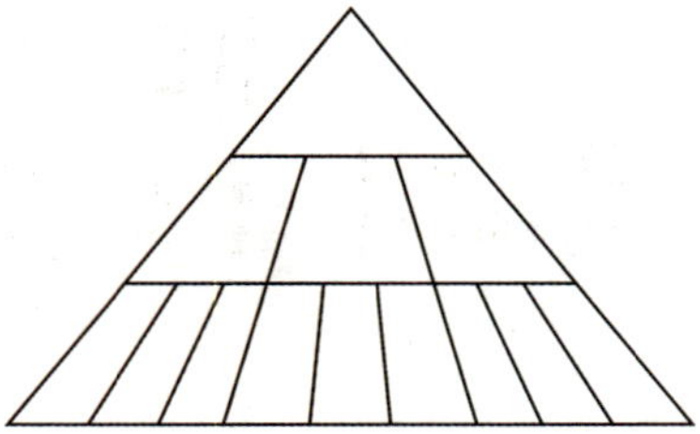

图 1-1-13　金字塔图图式

例如，阅读《我们的民族小学》并画金字塔图，可以直观地呈现这篇文章是以时间顺序进行写作的，即按照“早晨—学生来到学校—上课了—下课了”的时间顺序对景物和情形进行描写。《赞成都百花园》是钟树梁所作的一篇散文，用金字塔图进行分析，可以帮助学生梳理作者是如何先总后分地描写百花园景色特点的，并能直观认识钟老独特的写作方法——移步换景。通过画金字塔图，学生对文章结构的理解更清晰，并且具有整体性。

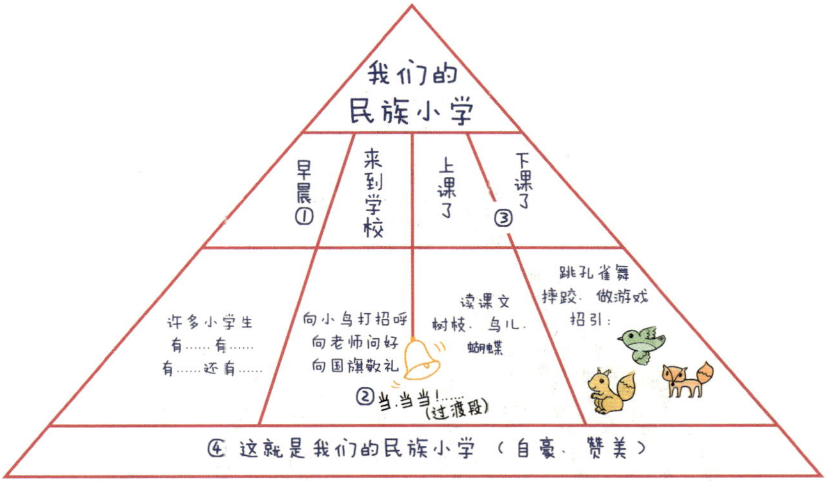

图 1-1-14 《我们的民族小学》金字塔图

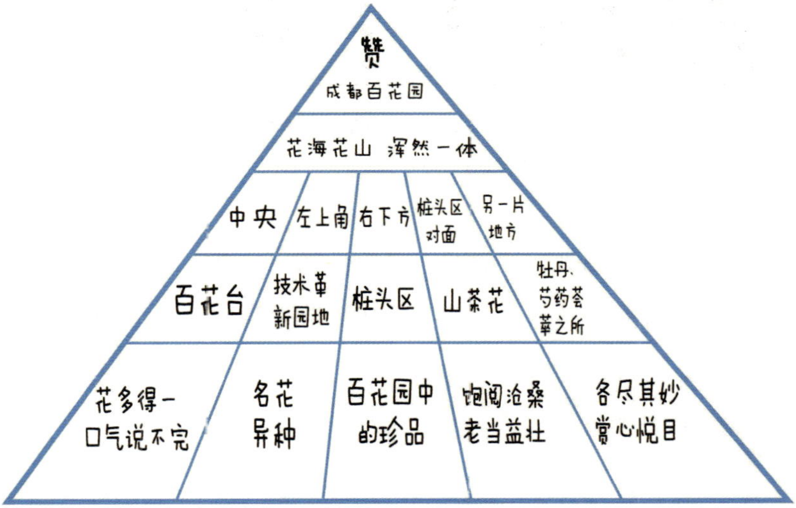

图 1-1-15 《赞成都百花园》金字塔图

又例如，《数学》八年级下册中涉及直角三角形的知识点，可以运用三层的金字塔图对直角三角形的相关知识点进行整理归纳。该金字塔图的顶端为导图主题，即直角三角形；第二层则是对直角三角形的性质、判定和面积公式等各知识点进行了分类；第三层又对第二层内容进行了细化。通过完成金字塔图来对知识进行整理归纳，可以帮助学生把零散的知识点聚合在一起，形成系统的知识，减轻学生的思考压力，让思维更具有条理性，帮助学生记忆。

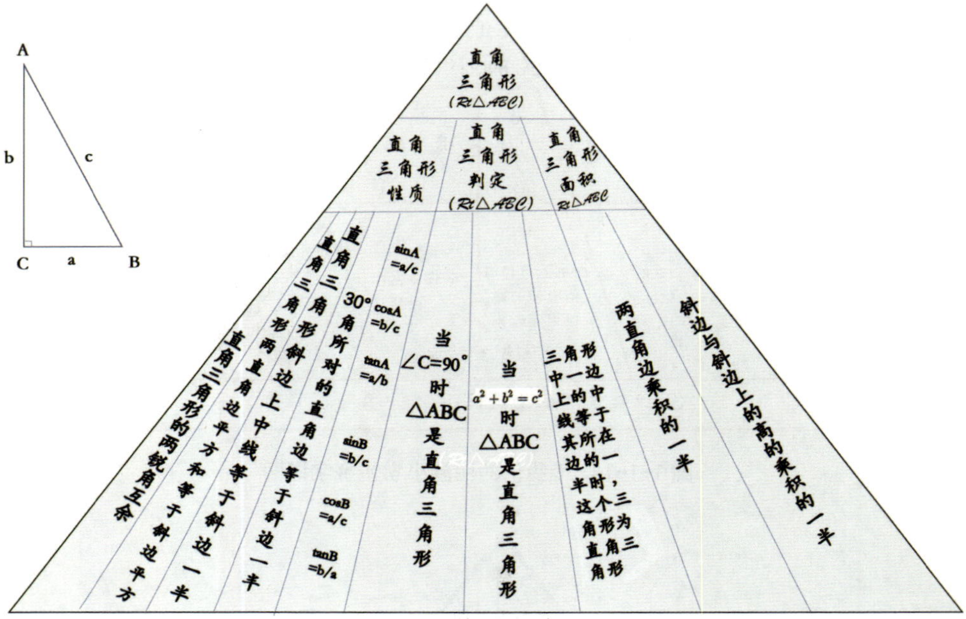

图 1-1-16 《直角三角形》金字塔图

5. 鱼骨图

鱼骨图是一种形状似鱼骨的图形。鱼骨图中的鱼头、鱼主骨以及鱼主骨上伸出的鱼刺分别指引学生从不同方面思考问题，或者从多个方面说明、介绍某事物。鱼骨图可以帮助学生学会直观地整理、分析、归纳和总结，其基本图式如图 1-1-17。

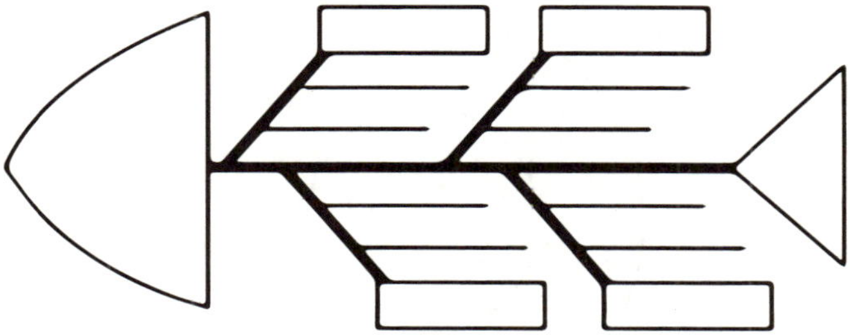

图 1-1-17　鱼骨图图式

例如，《母鸡》这篇文章的鱼骨图，清晰地呈现出文章是从哪些角度描写母鸡的特点的，又是如何刻画作者对母鸡从讨厌到敬佩的主观情感变化历程的。

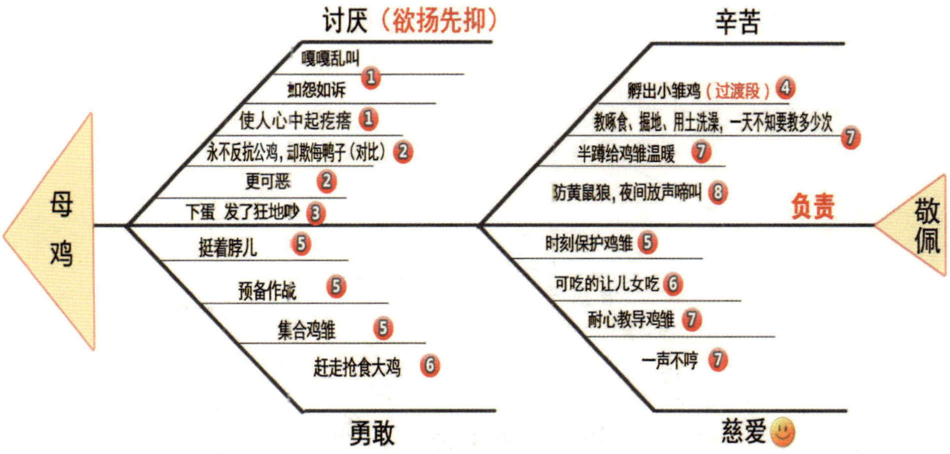

图 1-1-18　《母鸡》鱼骨图

6. 环形图

环形图是一个以圆心为中心的中心对称图形，以一个小圆为中心，外面环绕一个或者多个同心圆。一般而言，环形图只有一个主题，写在环形中心处，围绕中心主题的内容写在外圆。环形图的内外圆结构能够帮助学生学会根据中心内容需要，作出直观划分，并进行细化的分析和思考，其具体的图式如图 1-1-19。

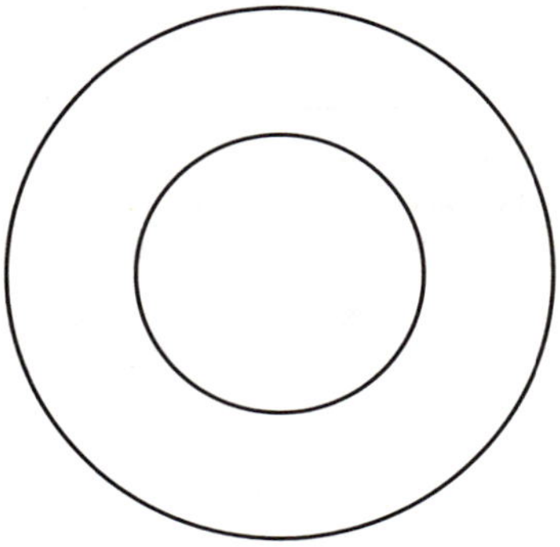

图 1-1-19　环形图图式

例如，用环形图可以直观地画出老舍先生的文章《济南的冬天》的脉络。老舍先生是如何借助山景图、雪景图和水景图描绘出济南的冬天，如何表达自己对充满生气的济南的冬天的钦佩和赞美之情等内容，都可以通过环形图清晰地呈现出来。

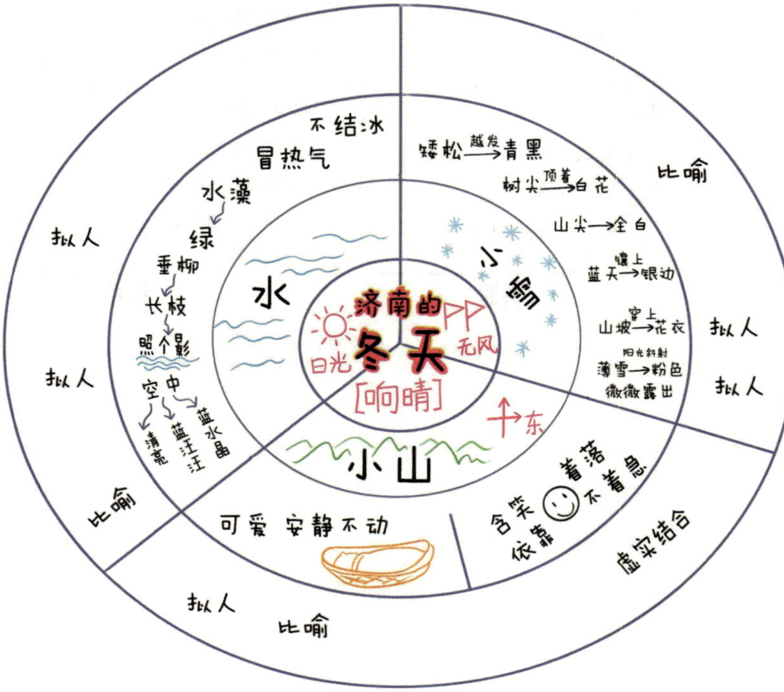

图 1-1-20　《济南的冬天》环形图

7. 树形图

树形图类似于树枝分枝，能帮助学生对内容进行分类，并进一步分析、归纳相关知识，其具体的图式如下：

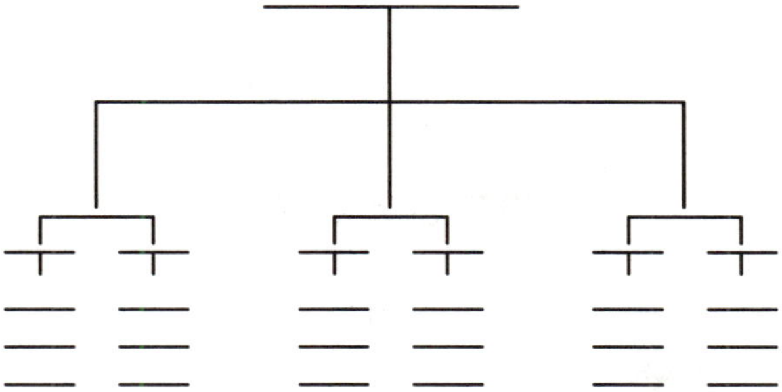

图 1-1-21　树形图图式

例如，通过画树形图，可以清晰地理解袁鹰的《白杨》一文的内容与结构。文章介绍了白杨的三个内在特点，浅层次上看，是赞美白杨；深层次上看，是托物言志，表明自己要做具有白杨品格的人，也希望自己的孩子能在父辈的影响、教育下扎根边疆，建设祖国。

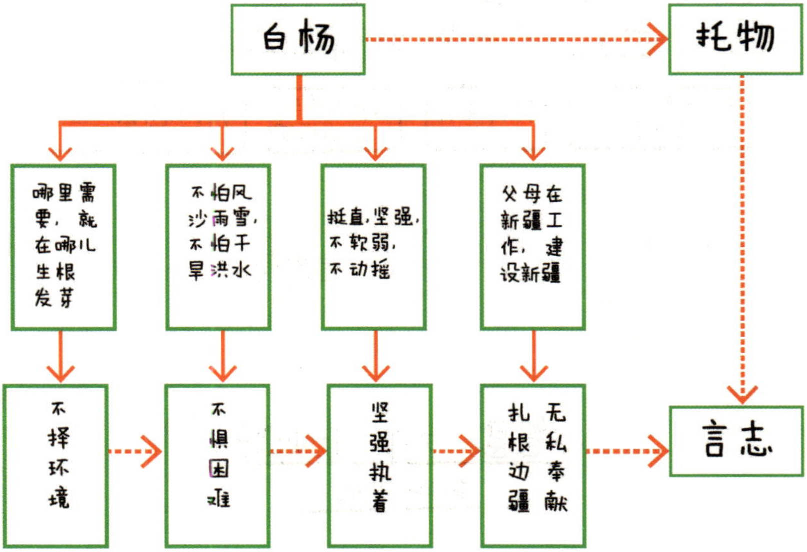

图 1-1-22　《白杨》树形图

又如，通过画树形图，作者的独特视角一目了然，且看梁衡的《跨越百年的美丽》树形图。文章从居里夫人的容貌、态度、品质三个方面，表明居里夫人的美丽不仅体现在美丽端庄的容貌上，更体现在她认真执着的研究态度和淡泊名利的高尚人格等深层次的内涵上。居里夫人的一生不仅创造了自己的人生价值，也为人类作出了伟大贡献。

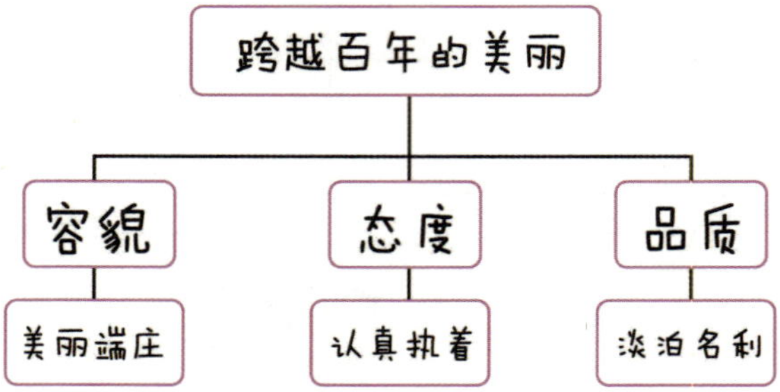

图 1-1-23 《跨越百年的美丽》树形图

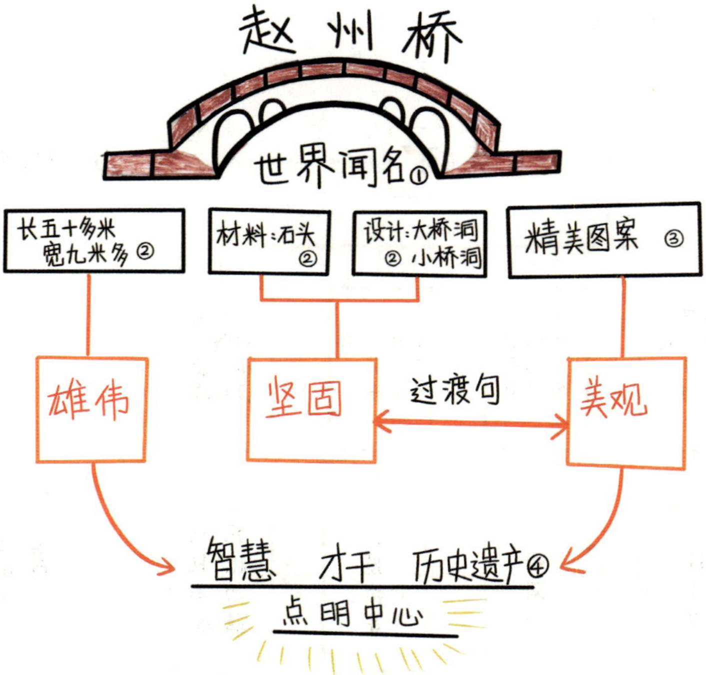

图 1-1-24 《赵州桥》树形图

图 1-1-24 是倒向的树形图，体现出《赵州桥》这篇课文的内容与结构。从导图中我们可轻松地看出文章是以总—分—总的结构对赵州桥进行描写的：第一部分对赵州桥的渊源进行了简单介绍；第二部分通过对赵州桥的外形、用材、设计与雕工的描述，体现出赵州桥的雄伟、坚固与美观；第三部分对赵州桥的重要地位进行总结。倒向的树形图通常用来提炼文章的中心思想，可以帮助学生对课文进行思考与总结。

8. 单气泡图

单气泡图是指以主题为中心，四周围绕着多个描述性词组，形成泡泡环绕的图式。我们通常用单气泡图整理、归纳读书笔记，以辅助我们的大脑记忆。其基本图式如右：

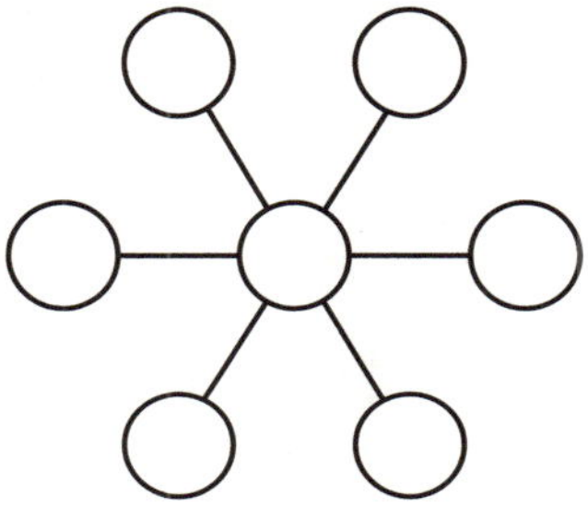

图 1-1-25　单气泡图图式

例如，学习《写作角度》时，可以用单气泡图整理学习笔记。单气泡图能直观地呈现出围绕一个中心主题展开的多个方面的内容分析，将与主题相关的各个要素进行联结。在绘制导图的过程中，我们既可以从多个角度思考主题，又能准确把握各要素之间的联系。

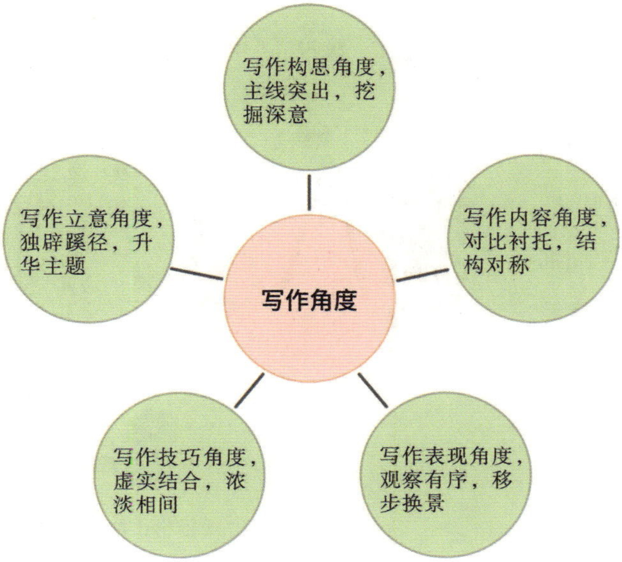

图 1-1-26　《写作角度》单气泡图

在语文教学中，不同模式的导图，可以引导不同层面、不同角度的思考，选择和处理文章材料的思维框架。选择最适合自己的导图去思索，可以让思考空间最大化，让自己能在画导图的过程中，完成专属于自己的、更完美的阅读思考和写作构思。

二、导图导读

在学习中，通过导图引导学生阅读，不仅可以有效地帮助学生学习课文中的生字词，还能帮助学生提炼文章的主要内容、归纳作者的写作思路与行文结构等。同时，通过反复阅读课文、完善阅读导图，学生能进一步深化阅读理解，培养学生自主思考的学习习惯。

例如，学习《桂林山水》这一课，如果让学生借助可视化思维工具，通过画导图来进行学习，让学生自主地选择运用各种结构化的思维方式去分析、品读课文，可以更好地激发学生的学习兴趣。下面是学生学习《桂林山水》一文时绘制的导图。

有的用发散式的思维导图，一边阅读，一边想象画面，细细品读文章中各种修辞手法的巧妙运用是如何使文章生动、形象和有画面感的。

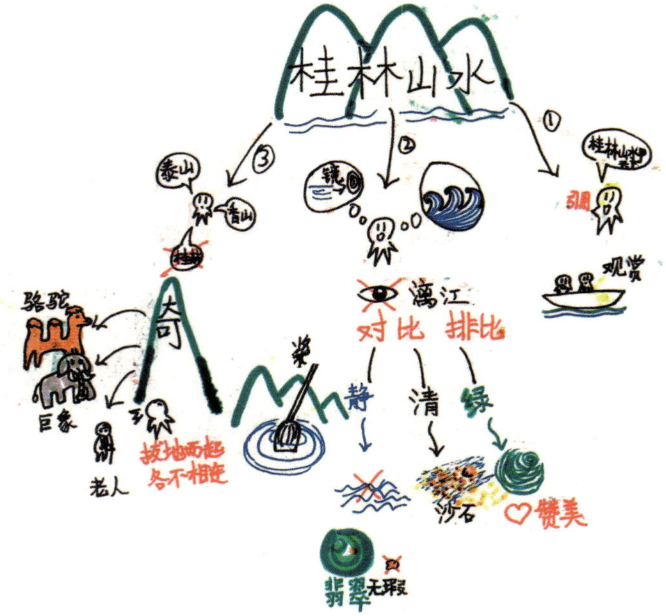

图 1-2-1 《桂林山水》阅读导图 1

图 1-2-2 《桂林山水》阅读导图 2

图 1-2-3 《桂林山水》阅读导图 3

有的用曲线图来展示文章第二自然段中桂林的水静、清、绿的特点与第三自然段中桂林的山奇、秀、险的特点，形象地呈现出内容描写的对称之美。

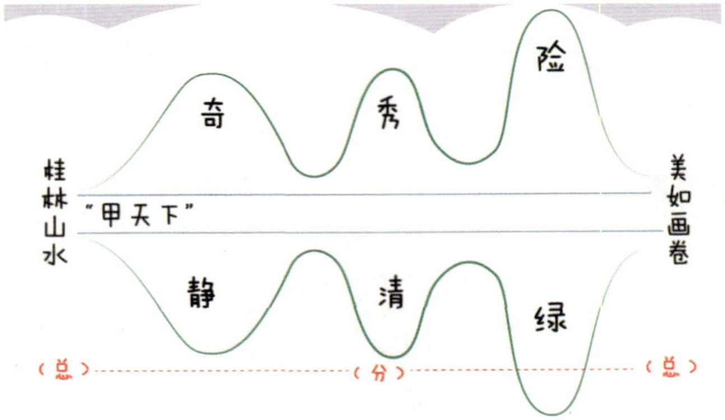

图 1-2-4 《桂林山水》曲线图

有的学生发现了桂林的山水与其他地方的山水有不同的地方，虽然均采用了鱼骨图进行分析，但呈现出的效果各有特色，体现出学生个性化的思考过程，如下图：

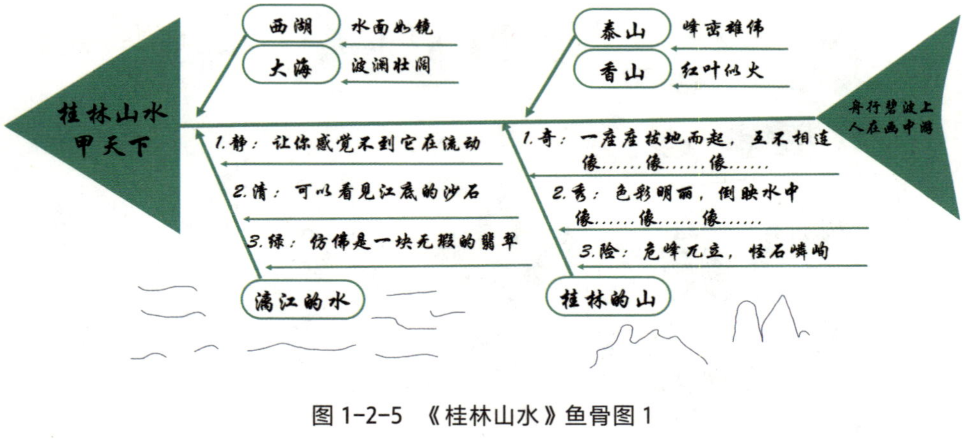

图 1-2-5 《桂林山水》鱼骨图 1

图 1-2-6 《桂林山水》鱼骨图 2

还有的学生运用树形图，以文章引用诗句作为开头，在点题的同时指出了桂林山水的美是“甲天下”的。文章结尾处画龙点睛，引用了另外一句诗总结全文：“舟行碧波上，人在画中游。”

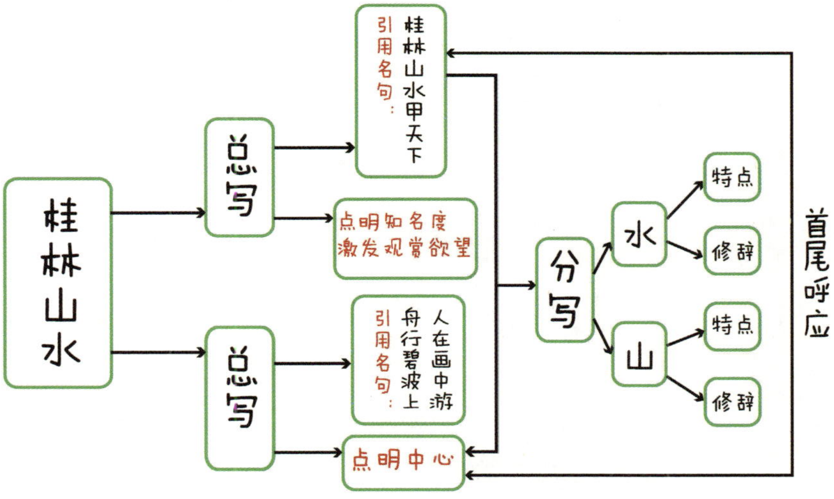

图 1-2-7 《桂林山水》树形图

同一篇文章运用不同的导图、不同的画法，真正展示出了学生对课文的多元化的理解，对优美文字的深入研读与多角度探索。通过导图既能培养学生的学习兴趣，又能教给学生科学的思维方法。

三、导图导写

导图导写是帮助学生运用导图将写作思路进行可视化的过程，引导学生将文章的主题及写作素材有逻辑地呈现，使其在下笔之时已有图式在手。通过反复修改与完善，帮助学生确定文章写作顺序的同时，更加明确自己的写作脉络。此外，还可以引导学生将在阅读中学习到的写作手法和知识应用于写作，帮助其别出心裁地布局谋篇。

例如，小学生用鱼骨图进行写作构思，如下图：

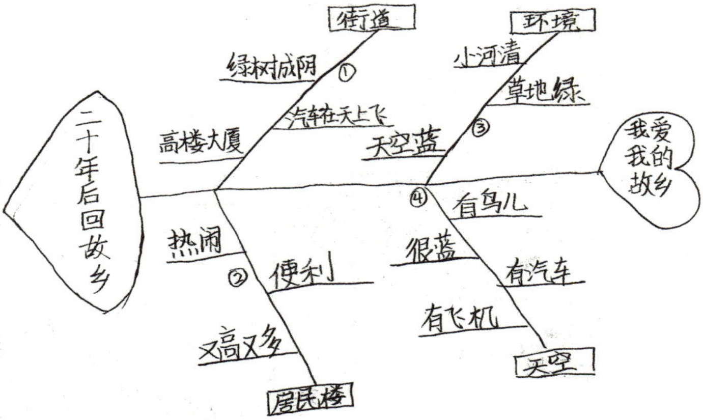

图 1-3-1 《二十年后回故乡》鱼骨图

图 1-3-2 《离别》鱼骨图

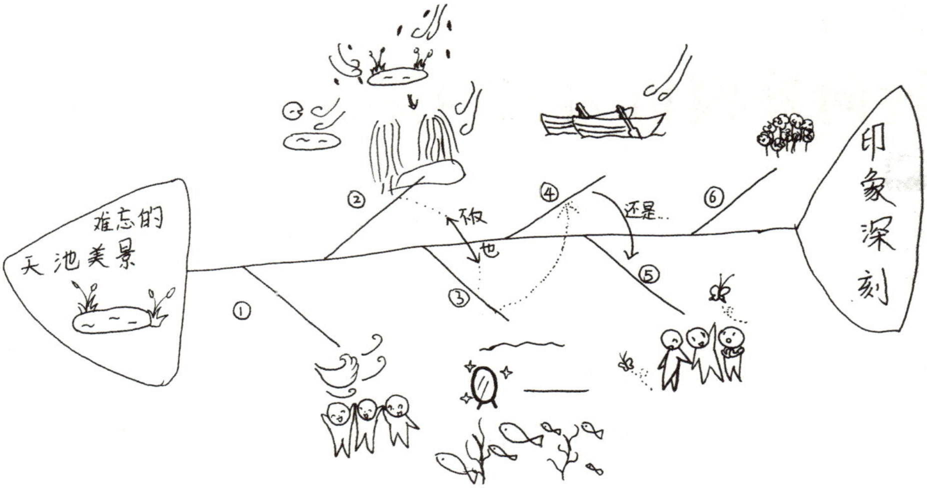

图 1-3-3 《难忘的天池美景》鱼骨图

三名学生均是通过鱼骨图表达自己的写作思路。第一名学生通过鱼骨图构思了《二十年后回故乡》的情境：围绕街道、居民楼、城市环境和天空等元素，利用简单的线条和关键词引出了高楼大厦、汽车、绿树、蓝天、草地、小河、鸟儿、飞机等八种意象，并通过关键词增添了情感线，如热闹、便利、清、绿等，故乡经济繁荣、景色优美的形象跃然纸上。第二名学生通过鱼骨图构思如何表达离别之情，通过几个简单的图标记录了离别时的人和事，再按图索骥形成文章，抒发自己离别时的心情。第三名学生借助鱼骨图将所需的意象通过素描的形式进行有机的连接，从而直观地呈现出游赏天池美景后的深刻感受。

通过导图阅读、写作，在激发学生学习兴趣的同时，教会学生思考解决问题的思维方法，让学生在遇到同类问题时，能够创新应用已有的结构化思维，调动自己已有的认知、感受与体验去思考，去解决同类问题，去探索未知的领域，去挑战新的问题，去实现创造性的输出……学生一旦获得这种能力，将终身受用。

第二章
转向外模仿为向内探究

由于每个学生的学习习惯、能力水平、兴趣爱好各不相同，学生学情差异较大，教学也出现了无法满足每个学生学习需求的情况。在这样的教学背景下，导图给予我们新的思路。我们提倡教师在教学过程中，尝试引导学生由向外模仿转为向内探究，允许学生联系自己的生活经验，自主调整课程内容和学习节奏，实施个性化的探索学习。

这里强调的个性化的探索学习是指每个学生学习探究的路径和探究的方向不同，即将一味地听教导、模仿转变为边思考边画导图，引导学生自主进入、逐层深探。

那么，如何引导学生进行个性化的探究学习呢？本章将以语文、数学、英语学科为例，阐述导图是如何激发学生浓厚的学习兴趣，又是如何转向外模仿为内向探究，最终帮助学生学会科学的思维方法。

一、品词、品句、品结构，成就自身内隐文化

语文教学的基本任务是培养学生运用语言文字工具的能力、涵养学生的人文底蕴和精神素养。要求学生反复模仿并训练其朗读技巧是传统语文教学中常见的授课方式。这是一种机械化的、固有的思维模式，限制了学生对内容的思考。一味地反复模仿教师的范读，固然对优化语感，提高对文章的理解有较大裨益，但对于学生掌握学习方法是非常不利的。我们倡导的导图导学是把学生从反复模仿中解放出来，引导学生在通过导图理解文章

的基础上进行朗读，从而激发出学生的思维活力，引导学生自主探究、多元思考。

1. 散文

学习散文，如果仅仅停留在阅读的示范和模仿上，比如，先把长句分割为短句，从读好词语，到连词成句，再连句成段；从读准字音，到读通句子，最后整个长句连起来读。这样，总会有个别学生跟不上教师朗读的语速，经常中间停顿，读得不连贯，个别词句还会被断开读。其实，比反复示范和模仿更好的方法是引导学生边读长句中的每个分句，边画导图，在导图上标出需要注意的关键词，用问号“？”标出朗读语气要注意升调的字词。运用导图工具，学生可以直观地理解组成长句中各分句的意思，同时，通过联系长句中的词、句、段理解文意。在这样的前提下，组织学生进行朗读，自然就十分连贯了。

图 2-1-1 《彩虹》思维导图

例如，学习小学语文部编教材一年级下册第 11 课《彩虹》。小学生第一次在课文中接触到，在三个自然段里面都有由多个分句组成的长句。读好长句，掌握读长句的方法，特别是分句间的停顿，读出分句中出现的问句的语气，这些都是这一课的训练重点和教学难点。思维导图可以同时直观地教给学生更多修辞、写作手法及篇章结构方面的深层次的知识：

（1）文章第一自然段运用了比喻，把彩虹比作美丽的桥。

（2）说话和表达要有对象，因为导图中直观呈现：这三个段落的长句开头都是先称呼说话的对象：爸爸、妈妈、哥哥。

（3）三个段落串联起来看，结构都是相似的：每个长句中都包含两个问句，整篇文章的长句串联起来，就是用六个问句，展示孩子纯真浪漫的想象和关心家人的美好情感。

（4）这是一篇散文，形散神聚，紧扣彩虹展开丰富想象。对于一年级的学生来说，认识散文的结构有相当大的难度。但在思维导图的教学过程中，无须多讲解，学生自己就能够直观地认识和记忆，对散文的结构留下深刻的印象。

（5）文章第 2、3、4 自然段都是以“高兴吗”结尾，形成了排比段，使整篇文章看起来结构更严谨，读起来有一唱三叹、回环复沓的韵味。

2. 古诗词

传承文化，培养学生的文化底蕴，不能够简单量化为以背一百首诗或者一千首诗为目标的学习。试想，有人只读一本书，读一辈子，研究一辈子，成了红学家；有人会背上千首诗，却未必比只能背一百首诗的人有文化。学习古代诗词歌赋，如果仅仅停留在记录篇章重点内容，摘抄仿写等层面，实在是不足的。学生在学习过程中，如果迷信教师所给的解析才是标准答案，一味地模仿教师给出的标准答案，套用教师的解答方式，就会变得思维单一，从而缺乏独立思考、独立提问、独立探究的能力。如果通过画导图对文辞进行深入探究呢？这种细细品读与认真思考的学习，恰是非常能训练人的思维与培养人的想象力的。

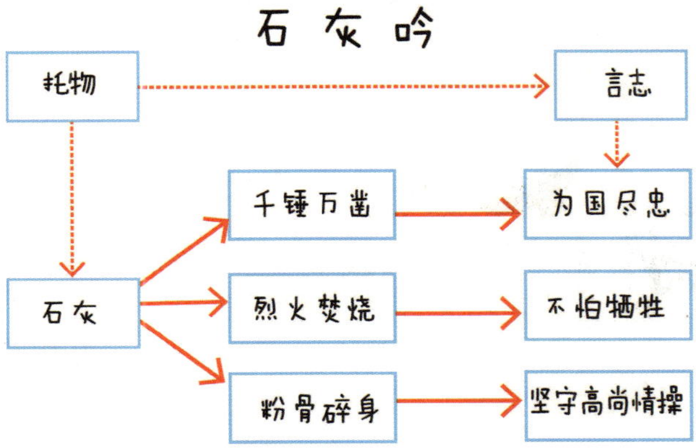

图 2-1-2 《石灰吟》树形图

例如，用树形图分析明代于谦的《石灰吟》这首诗，可以从“千锤万凿”“烈火焚烧”“粉骨碎身”这些对石灰的描写直观地得出诗人在托物言志，即以石灰自喻，表达自己为国尽忠、不怕牺牲的意愿和坚守高尚情操的决心。

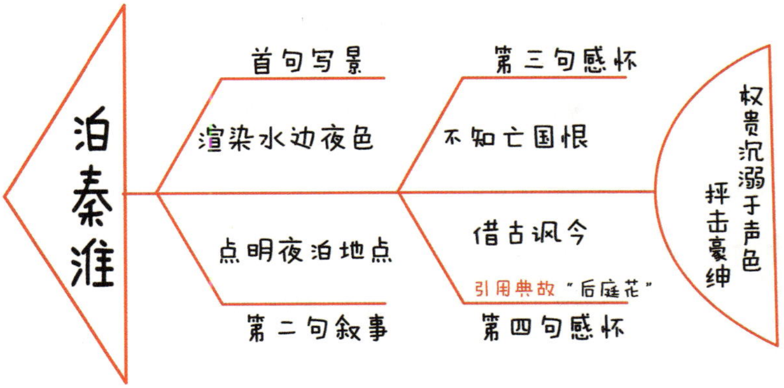

图 2-1-3 《泊秦淮》鱼骨图

又如，《泊秦淮》：“烟笼寒水月笼沙，夜泊秦淮近酒家。商女不知亡国恨，隔江犹唱后庭花。”通过画鱼骨图，可把这首诗中诗人夜泊秦淮，于六代兴亡之地触景感怀，对沉溺于声色的豪绅权贵的抨击呈现清晰，寄寓诗人忧念现世的情怀。

再如，马致远的《天净沙·秋思》："枯藤老树昏鸦，小桥流水人家，古道西风瘦马。夕阳西下，断肠人在天涯。"

图 2-1-4 《天净沙·秋思》环形图

阅读元曲小令《天净沙·秋思》，学生在读的过程中将其画成环形图，辅助想象画面和理解情感，就能深深体会其中言简意丰的精辟之处：围绕秋日之"思"这一情感主线，仅仅十八个字，描绘出秋天黄昏九种不同的景物。如此寓情于景，真是精妙！九种景物，有动有静，有明有暗，有背景有主体，相互映衬，相互烘托，和谐自然地融合成一个画面，把奔波在外的游子的心情、异乡羁旅之苦抒发得淋漓尽致。

再如，阅读《陋室铭》时，绘制鱼骨图，可以直观地引导学生逐层深入理解课文。《陋室铭》鱼骨图将文中的主旨句"惟吾德馨"和支持主旨的分论点（六个原因）清楚地呈现了出来。鱼骨图工具，帮助学生在阅读古文的过程中，逐步厘清文章的主要内容、观点，准确把握文章结构，理解文章主旨，同时发展学生思维。

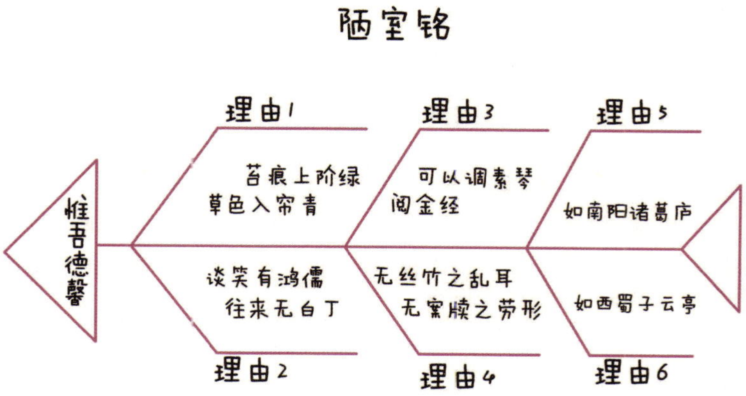

图 2-1-5 《陋室铭》鱼骨图

可见，导图能帮助学生在学习古诗文知识的同时，转变机械的模仿为向内探索，动手动脑，深入理解，为学生今后的学习打下良好的基础，于无形中培养学生的语感，提升学生的阅读素养。

3. 文言文

往往学生最头疼的学习内容之一就是文言文。究其根本原因，一方面文言文的文辞用法和现代汉语有巨大差异，另一方面学生不能走进作者描绘的场景，因此学习起来很吃力。如何给予学生合适的思考脚手架，引导其在转变思维方式的基础上理解文意是我们一直在探索的课题。

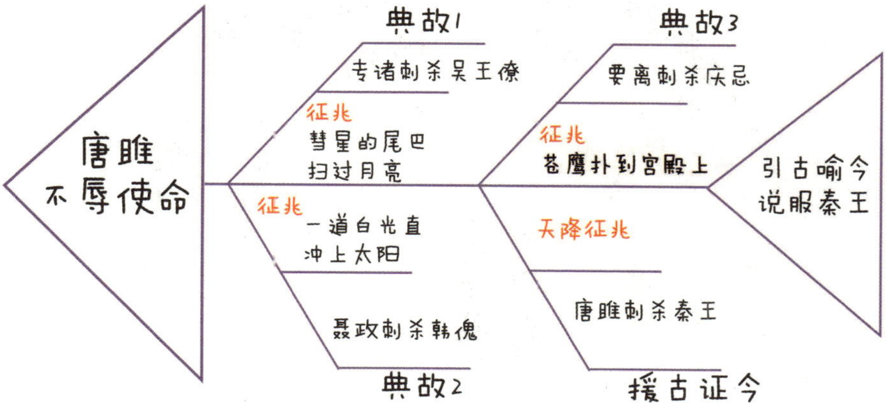

图 2-1-6 《唐雎不辱使命》鱼骨图

例如，阅读文言文《唐雎不辱使命》时画鱼骨图分析，可以直观弄清唐雎圆满完成出使秦国的任务的主要原因是：唐雎引用了三个典故，列举了历史上的三桩事实，援古证今，推理出了事态发展的必然趋势，以此说服了秦王。其中，鱼骨图是帮助学生思考的脚手架，使听说读写和理解感悟过程更顺利。在学习过程中，画导图本身就是直观展示学生向内探究能力的过程。

由此可见，背诵得声情并茂、摇头晃脑，都只是模仿记忆和表演等外在层面的表现。而经过画导图思考，向内探究，乃至学以致用，体现于言行，才是把经典融于血脉之中，化为自身内隐的文化，成为真正的精神素养和文化底蕴。

4. 文际类比

语文教学中，往往会有这样的情境：第一次学习散文、古诗文的方法和后面学习同类文章的方法是一致的。如果一直采用一种模式授课，学生往往兴趣不大，而且会忽略同类文章间的比较。我们倡导，学生在利用导图学习完文章后，采用其他导图对同类文章进行比较，帮助学生认识同类文章的区别与联系，从而拓宽其写作思维。

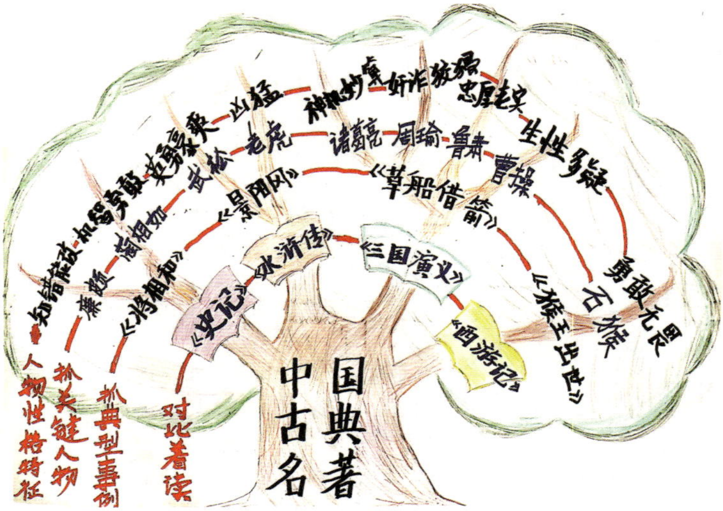

图 2-1-7 《中国古典名著》环形图

例如，在学习完中国古典四大名著后，组织学生进行文际比较和类比推理。可以发现，学生运用环形图以“中国古典名著”为中心主题，围绕《史记》《水浒传》《三国演义》《西游记》，列举了其中的代表性事件、故事细节和主旨。学生通过对比思考与发现不同古典名著的特点，体现了其类比思维；也可以系统地迁移已学过的知识，从而获得新的理解。

无论是读现代作品，还是品先贤美文，又或是进行文际类比，均可以通过向内探究，学习其中思维层面的精妙之处，包括文辞修饰的思维方式和行文逻辑的思维方法等。

二、从整体到局部，促成数学思维

数学思维是用数学方法思考问题和解决问题的思维活动形式，也是数学学科教师一直在深入探究的问题。那么，如何帮助学生掌握数学思维呢？是靠题海战术，还是方法习得呢？

1. 整体思考

整体思考是数学思维的重要形式，重在强调学生能够站在一定的高度思考问题，即培养学生的大局观。例如，学生在学完“时间换算”“人民币换算”“重量的换算”“长度单位的换算”“面积单位的换算”以及“体（容）

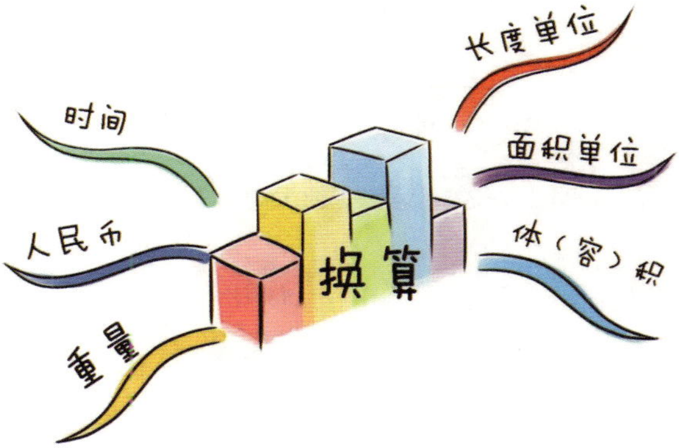

图 2-2-1 《换算》思维导图

积单位的换算”后，常常会出现记忆不牢的现象。如何区分其中内在逻辑对学生来说是非常重要的。然而，学生可以运用导图，对主题内容进行整理与分析，扩展课堂作业形式，从而深层掌握知识结构及其内在联系。

例如，《运算定律 · 简算》。肇庆市第九小学杜老师利用环形图引导学生学习《运算定律 · 简算》：以“运算定律 · 简算”为中心主题，以加法运算定律、除法、减法、乘法为内层，以具体的运算定律为外层，具体呈现了《运算定律 · 简算》的内容，对学生掌握运算定律有重要的指导作用。

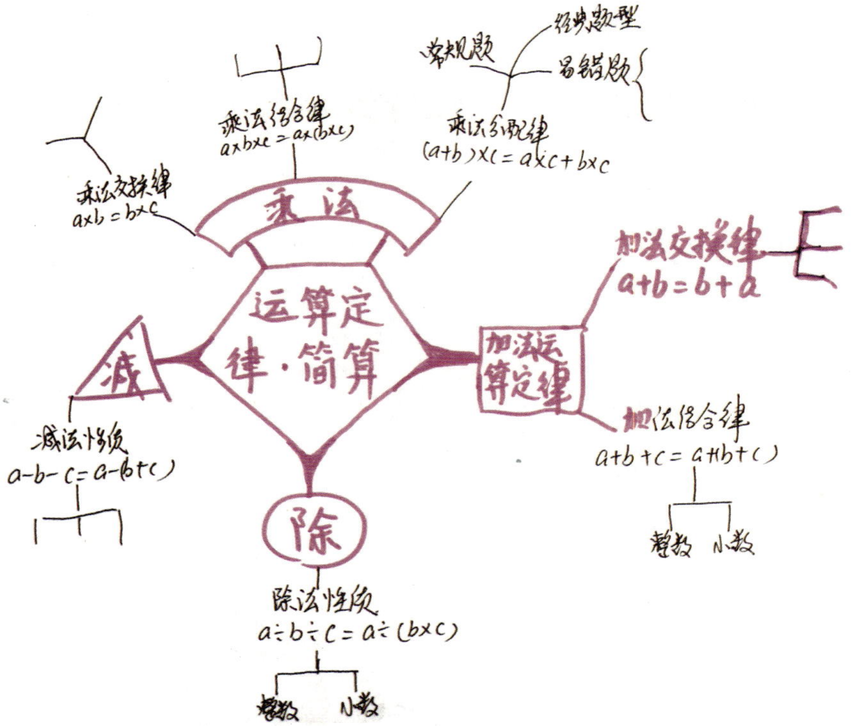

图 2-2-2 《运算定律 · 简算》环形图

又如，《几何初步和三角形》。连山县永和小学朱老师利用思维导图引导学生学习《几何初步和三角形》：以“几何初步和三角形”为中心主题，通过逐步延伸，将《几何初步和三角形》中的重要知识点进行了提取和呈现，帮助小学生掌握及巩固相关知识。

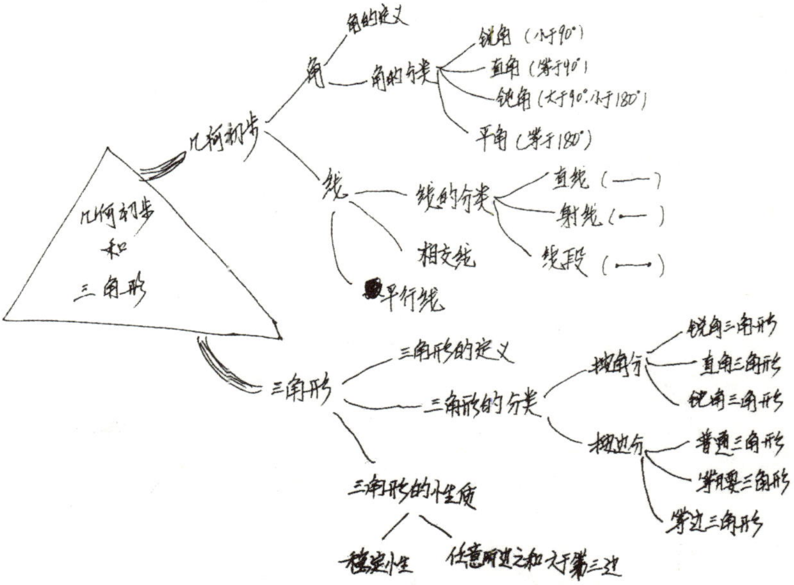

图 2-2-3 《几何初步和三角形》思维导图

2. 分组思考

和整体思考相对，分组思考更加注重学生通过建立组别观念去分析和解决问题。

例如，小学《三角形的分类》。英德市大站镇中心小学陈老师利用金字塔图对《三角形的分类》内容进行整理：以“三角形的分类”为中心主题，以三角形分类的方式为中间层，以不同分类的具体三角形为底层，最终形成三角形分类的具体内容，便于学生直观地分类、理解和掌握三角形的种类。

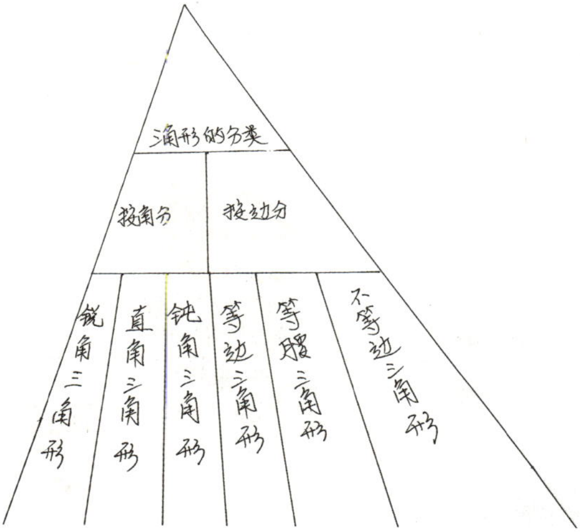

图 2-2-4 《三角形的分类》金字塔图

又如，《四边形和特殊四边形》。几位学生利用环形图对《四边形和特殊四边形》进行了分析：围绕“四边形和特殊四边形的关系”中心主题，将四边形、平行四边形、长方形、菱形、正方形、等腰梯形、直角梯形等图形有机连接，并把不同图形的特点写于导图连线上。这样能够很好地帮助学生深刻理解不同图形，通过概括发现四边形的本质。

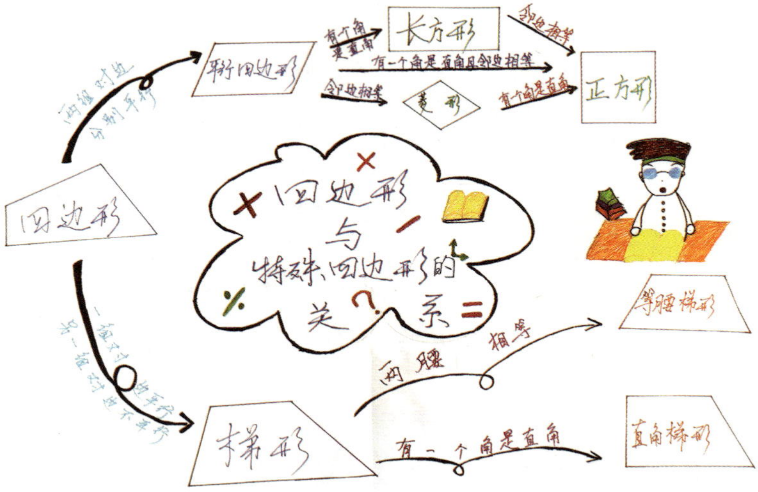

图 2-2-5 《四边形和特殊四边形》环形图

再如，学习《认识图形》。

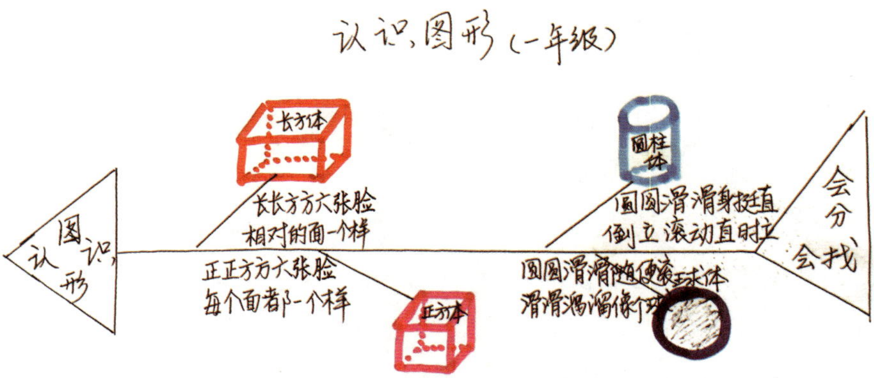

图 2-2-6 《认识图形》鱼骨图

一年级学生在初步学习《认识图形》后，欧老师利用鱼骨图对《认识图形》内容进行梳理。从导图中，学生可以清晰地复习和巩固对图形的认识，根据长方体、正方体、圆柱体和球体等图形的形体特征所描绘出的简单形象的图标，能帮助学生充分理解不同图形的特点，以达成能清晰区分不同图形的学习目标。

3. 发散思考

发散思考是指有了一定逻辑框架后，进行想象力和联想力的发挥。例如，《数学知识梳理：常用数量关系》。利用思维导图汇总小学四年级数学中“常用数量关系”的相关知识，将“价格、路程、工作量”和“四则运算、倍数、份数”等有机结合，并将四则运算的交换律、分配律、结合律融入其中，引发学生的合理想象，帮助其掌握相关数量关系的同时，促进其对常见数量关系的深度理解。

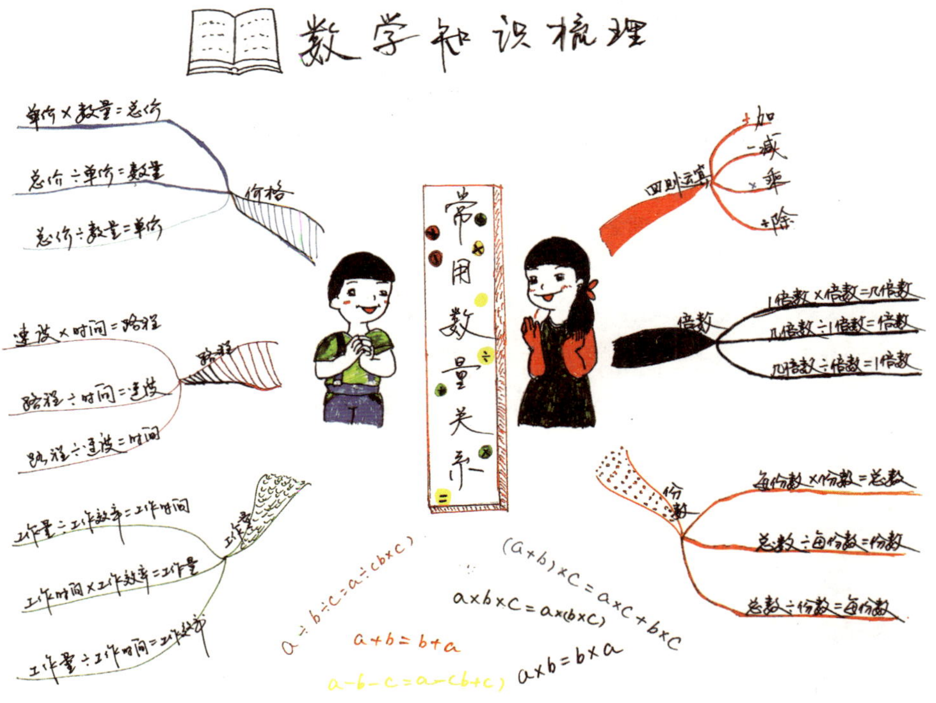

图 2-2-7 《数学知识梳理：常用数量关系》思维导图

又如，学习《认识时间》。二年级学生以“认识时间”为中心主题，结合自己的生活实际，充分发挥想象力，将时间的认识、理解生活中的时间、钟面信息以及认识时间的意义有机连接，并将重要的辨别条件标在各部分的连线上，有助于深刻准确地理解《认识时间》这一课有关内容。

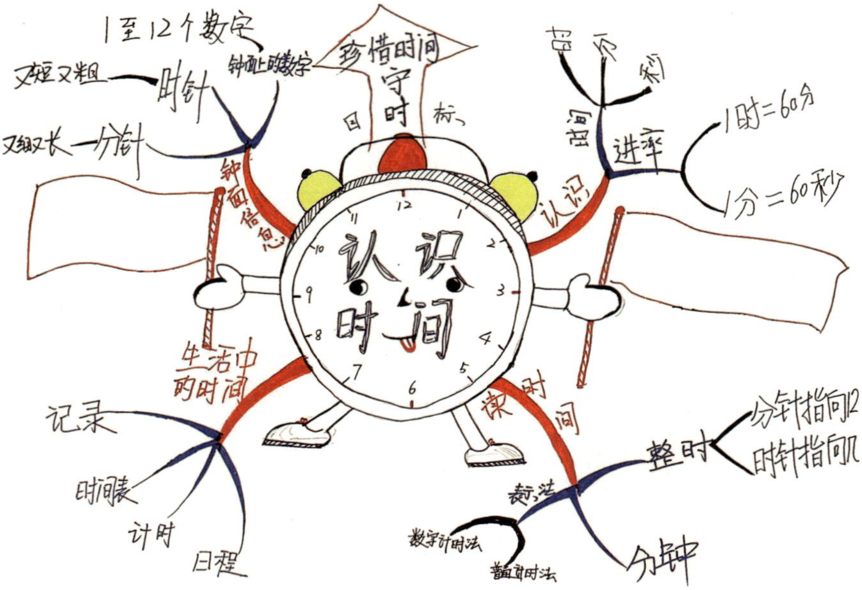

图 2-2-8 《认识时间》思维导图

再如，学习《运算律与简便计算》。图 2-2-9 是学生运用思维导图对已学内容展开联想，巩固《运算律与简便计算》的相关知识点。学生运用金字塔图，以总分的形式分别对《运算律与简便计算》中的“加法交换律”“加法结合律”“乘法交换律”“乘法结合律”“乘法分配律”以及具有减法性质和除法性质的结合律进行了说明。金字塔图下层分为几部分与上层对应来进行分类说明，该图第三层对第二层的每种运算律进行了文字说明以帮助理解，第四层则是将各种运算律用等式加以形象化表征。金字塔图这种层层递进的总分形式使知识体系更具有整体性、结构性和深层次解释性，帮助学生形成系统性思维和全面掌握多种信息表征方式。

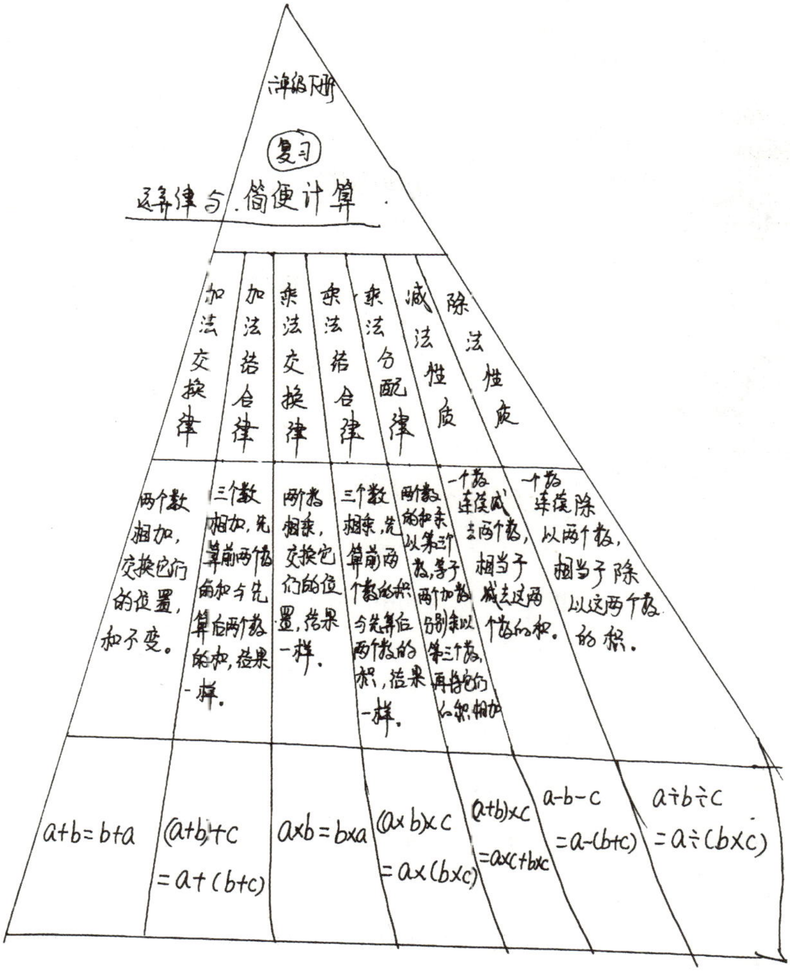

图 2-2-9 《运算律与简便计算》金字塔图

4. 规律思考

规律思考是指学生进行有序思考后，找出已有知识或新问题间的内在联系和规律。

例如，学生学习数学函数时，对自变量、因变量等概念很容易混淆。如果让学生自主画思维导图，就可以清晰理解这些概念及其关系，在此基础上，再积极探究一次函数、二次函数、三次函数的规律，培养其规律思考的能力。

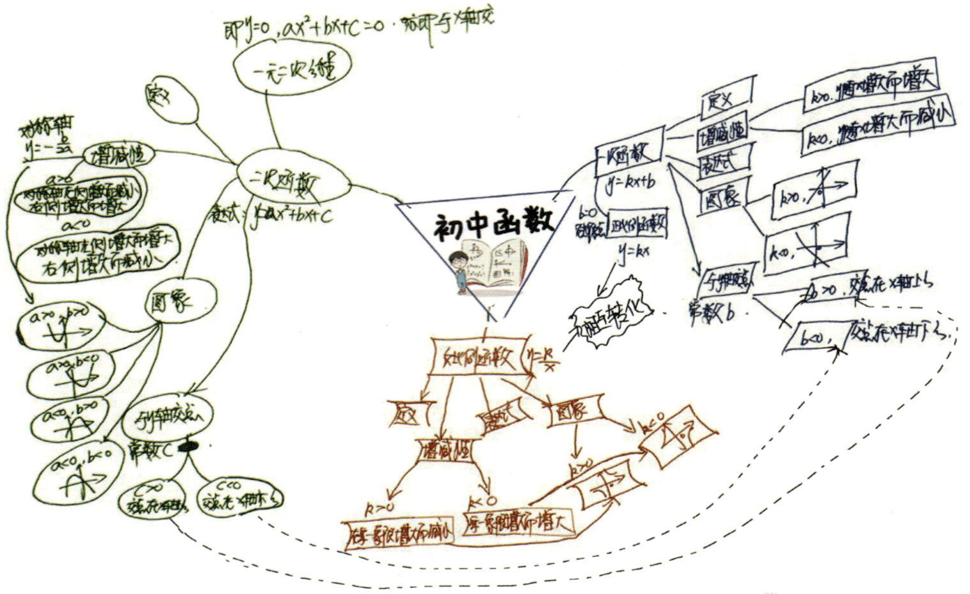

图 2-2-10 《初中函数》思维导图

再如，学习《整式乘除》。学生运用鱼骨图分析了乘、除法和整式乘、除法的相关运算法则。以鱼主骨为主干，延伸出四根鱼刺，各鱼刺分别对乘法的运算法则、除法的运算法则、整式乘法的运算法则以及整式除法的运算法则进行了总结归纳，帮助学生对整式乘除部分的知识框架和各分部的重要知识点进行整体理解和分类记忆的同时，也有助于学生从中寻找内在规律。

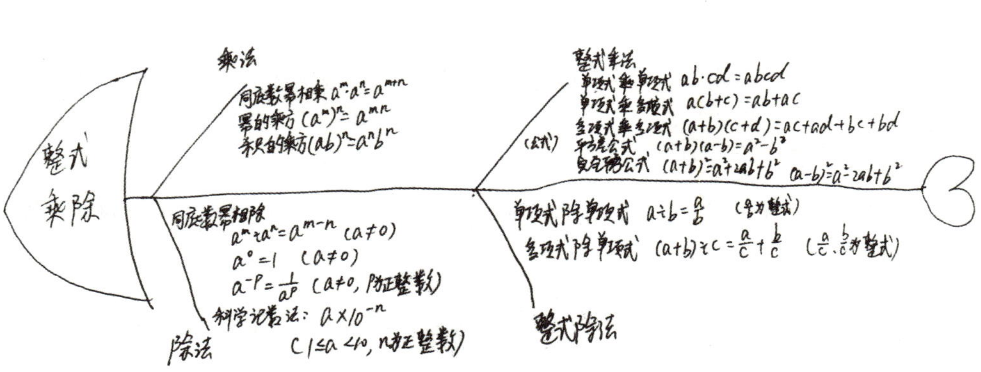

图 2-2-11 《整式乘除》鱼骨图

三、从知识习得到方法迁移，促进英语高效写作

我们可以通过导图有效梳理出文章的写作方法，举一反三、触类旁通地学习各类文章的结构，也能利用它有效引导我们的观察、分辨、分类、预测、组织、应用、表达与判断逐步深入，形成画面，以解决同类的写作构思问题。下面以英语学科为例，论证如何借助导图开展内向探究的高效写作。利用导图挖掘英语文章中的好词好句，分析其用词和语法，能够更好地理解英语文章大意。同时，掌握英语写作语境和习惯，为形成良好的习作思维打下基础。

例如，学生在学习完英语句型后，按照句子的结构把句子分为简单句、并列句和复合句三种句型。学生自主画鱼骨图，可以更直观地分清和牢记这三种句型的句子结构特征及具体差异。

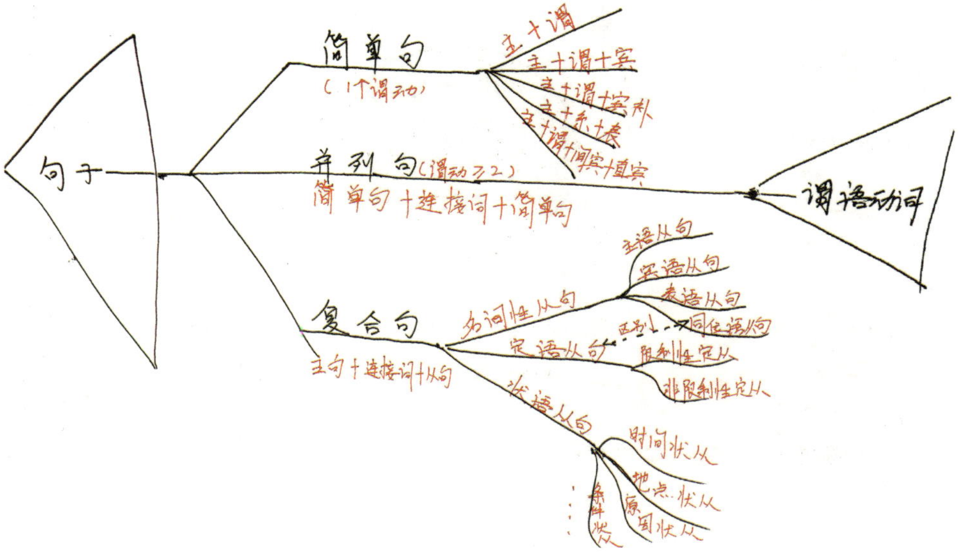

图 2-3-1　中学英语《句子》鱼骨图

再如，在以“Four Seasons”（地球的四季）为主题的习作探讨中，学生借助思维导图，由地球延伸出四个枝干分别对 Spring（春）、Summer（夏）、Fall（秋）、Winter（冬）进行相关关键词的整理，每一个枝干延伸出的细枝分别对相应季节的气候、服装和活动进行了关键词的整理与描绘，并通过绘画对每个英文单词进行具象化呈现。例如在 Spring 分枝处延伸出的气候部分的细枝为 rainy 和 wet，服装部分为 shirt 和 pants，活动部分为 plant trees。通过思维导图的形式梳理各季节的特点再加以图片的呈现，学生对四季特征的体会更加深刻，并以生动形象的信息加工方式对各季节相关的单词进行意义建构。

图 2-3-2 *Four Seasons* 思维导图

又如，学生对英语阅读范文的写作方法和框架进行剖析，形成关于英语写作方法的思维导图。

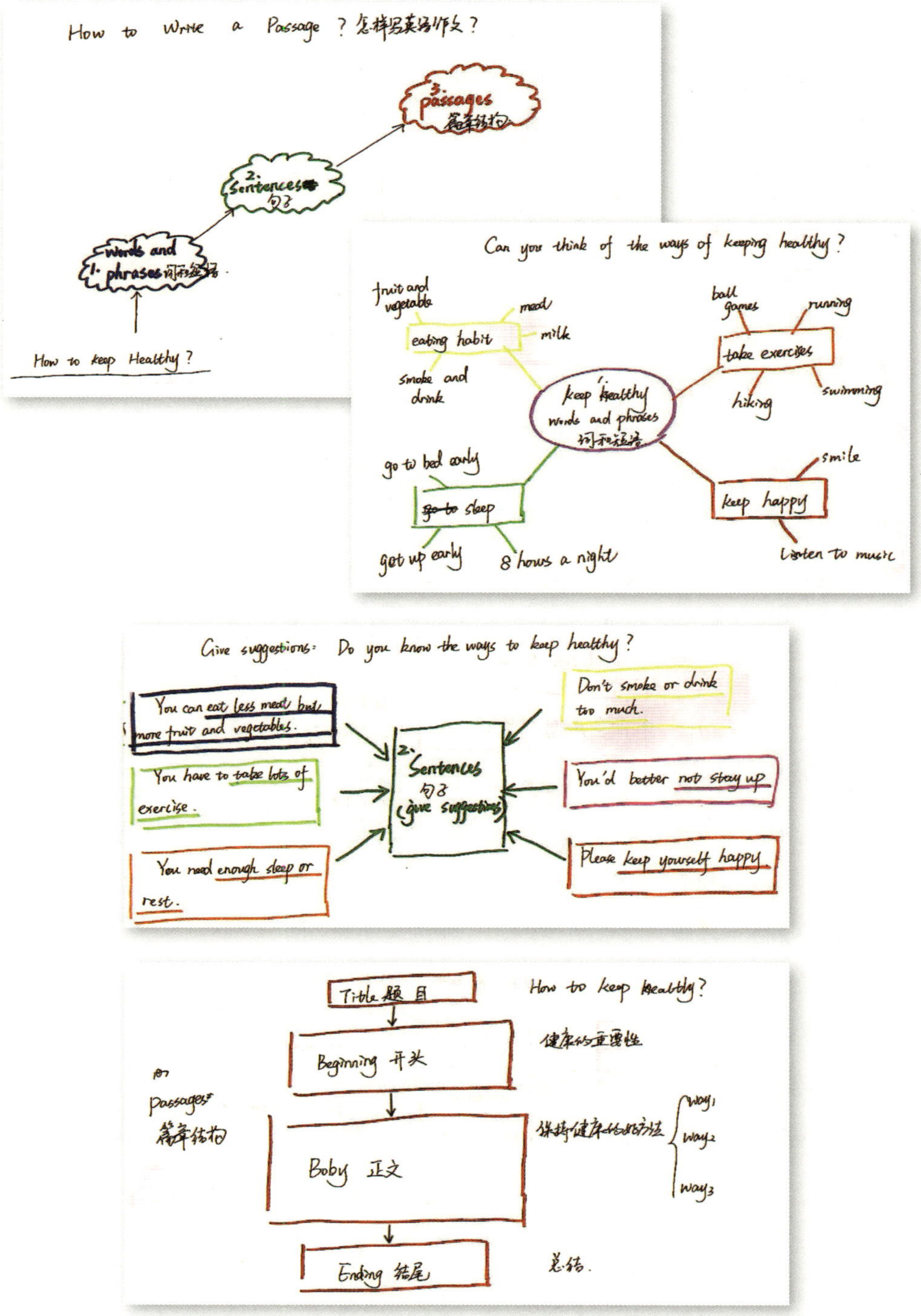

图 2-3-3 *How to Write a Passage?* 导图

以上四幅导图完整地向我们展现了“How to Write a Passage？”的过程和细节。第一幅棒棒糖形导图告诉了我们写英语作文所需要经历的三个步骤，即由中心主题（该图为“How to keep healthy？”）出发，单线延伸逐步经历第一步整理词和短语，第二步围绕词和短语进行造句以及第三步形成最后的篇章结构的过程，棒棒糖形导图可引导学生在进行英语作文的写作时厘清脉络和把握文章结构。

第二幅导图呈现的是对写作过程中的第一步，即对词和短语应如何收集作进一步的说明，这幅导图运用气泡图的形式围绕主题（此处为“Can you think of the ways of keeping healthy？”）延伸了四个方向（“eating habit”“take exercises”“sleep”“keep happy”）来进行词和短语的收集，帮助学生确定作文的写作角度，并从这几个角度出发进行句子的构思。

第三幅导图呈现的是写作过程中的第二步，它结合了气泡图和复流图的特点，在以不同角度整理的词、短语的基础之上围绕主题（此处为“Give suggestions”“Do you know the ways to keep healthy？”）进行连词成句，帮助学生进一步形成写作过程中所需要的与主题密切相关的句子。

第四幅导图呈现的是写作过程中的最后一步，即将已经完成的句子进行有机结合形成篇章结构，该导图以流型图的形式表现出写作的发展顺序和内在逻辑，即按题目、开头、正文、结尾的顺序进行，帮助学生重新归整思路，使写作过程更顺利、写作思路更有逻辑、写作内容更全面。

再如，英语习作课：*A trip to HongKong*。金北小学英语组关立华等同学利用聚敛模式导图围绕“A trip to HongKong”这个主题进行构思：以如何去香港、香港旅途中的所见所闻、返回香港为主线，并对有特殊意义的故事情节进行具体关键词的阐述，体现了学生严谨的写作思路。

图 2-3-4 *A trip to HongKong* 聚敛模式导图

综上所述，利用导图可以直观呈现学生的英语写作思考和写作思路，能够有效地帮助教师在学生下笔书写文章前及时进行点拨、指引优化，帮助学生更好地完成习作。

第三章
以图促学 变被动为主动

在教学设计中，我们常常为了要设计一些有价值的问题，设计一些吸引学生的情境而绞尽脑汁，甚至把这个视为成功教学的重中之重。

例如，语文教学，教师集体认可的课堂教学设计，往往是通过提问，不断引领学生逐层深入探究：文章叙述了一件什么事情，说明了一个什么道理，赞扬了一些什么品质，或者顺利得出某个结论。

却不知道，日子长了，离开了教师的提问，离开了教师的引导，学生已不懂如何深入研读。实际上，终身学习的漫漫长路，将来再不会有人为学生设计这一切，更多的学习是要依靠学生运用所学到的解决问题的思维方法。但可惜的是，当我们的教学都把一些知识点和结论，确定为学习应有的结果时，学生就已在获得标准答案的喜悦中，快速淡忘了自己思考这些问题过程中更应该记住的、对今后的学习更为重要的、用于解决问题的种种思维方法与经验、教训，忽视了总结学习同类知识的方法。学习越来越转向追求或者猜测教师希望得到的答案，学习新知识时对教师的依赖也变得越来越大。在被提问的课堂教学中，学生依赖看文章后面的提问或者等待教师提出的问题，才开始阅读思考。否则，他们不知道该怎么阅读，该怎么思考、理解和记忆。

如何才能改变这种现状，变灌输为探究，变教师提问为学生自主质疑，最终将学生潜能激活呢？

一、变被动提问为主动质疑

课堂的时间是有限的，上课的学生人数众多，课堂教学安排的内容也是很有限的。如果从低阶思维层次的问题开始设计提问，到高阶思维层次的问题（思维层次详见图 3-1-1），每个层次相关问题这么多，怎么可能在课堂中全部都问？

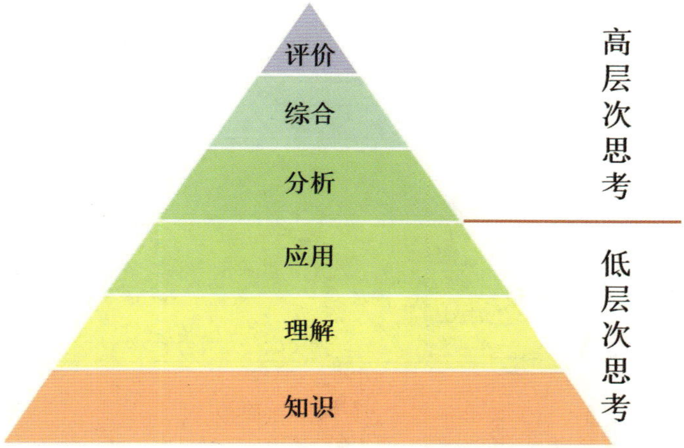

图 3-1-1 思维层次图

如果我们尝试改变一下，用画导图的方式来辅助学习，学生就可以先主动地不断向自己提问，不断自己思考答案……在此基础上进入课堂，教师对课文的讲解和无休止的串问串讲即可省略，从此转变为应用导图调动学生自主学习汇报。教师不必做知识的“灌输者”，而是静待花开，让学生自主质疑问难，生成对文本的初步学习、理解和感悟，再通过画导图直观交流研讨，教师适时鼓励，并点拨、引导学生完善导图，逐步提升问题的思维层次。由此，让思维自动地走向更高层次，把学生训练成思维敏捷、勤学好问、思考有深度的人。

例如，阅读《青山不老》一文，让学生自己画导图就可改变平常课堂学生不断被提问的情形，学生自发提问，凭借思维导图带出许多有价值的问题：

1. 我选择画什么类型的导图来解读这一课呢？

2. 这一课的主要内容、结构有什么特点呢？导图中应该标出哪些关键词呢？

3. 课文是写谁？

4. 文中交代了奇迹是在什么情况下创造的吗？

5. 这奇迹是怎样创造的？

6. 写这篇文章，作者想抒发什么样的情感？

……

这些问题引导着学生从整体入手感知课文，了解文章结构，然后确定导图的类型，选定标入导图的关键词等。于是，有人选择了画鱼骨图，有人选择了画韦恩图等。

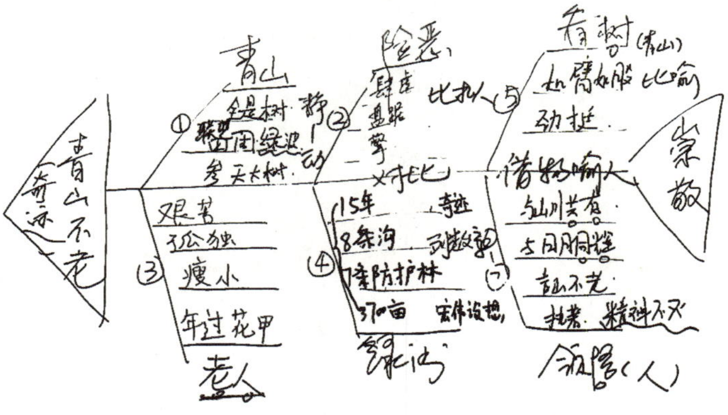

图 3-1-2 《青山不老》鱼骨图 1

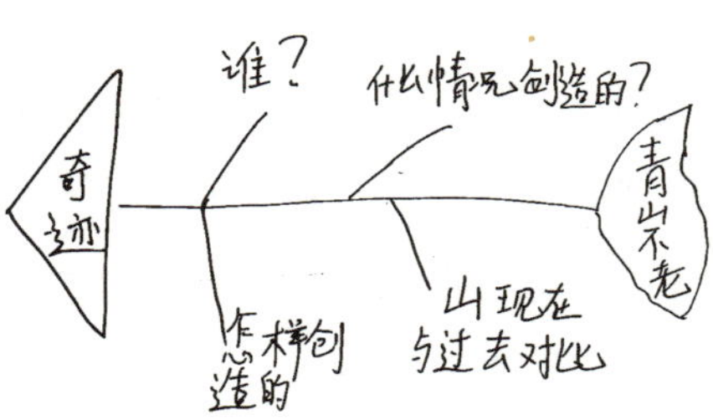

图 3-1-3 《青山不老》鱼骨图 2

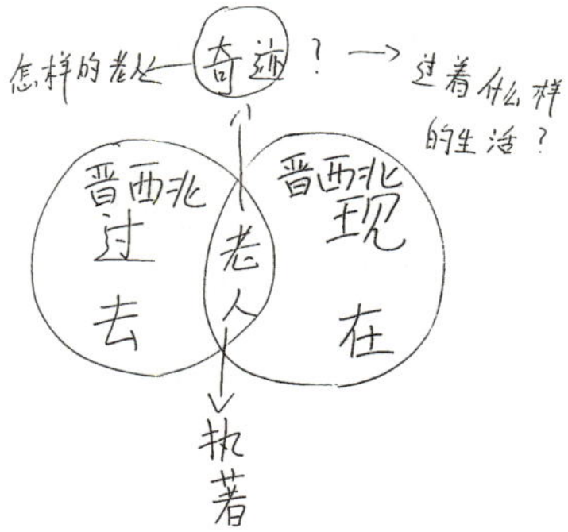

图 3-1-4 《青山不老》韦恩图

又如，小学生上科学课。学生自己画导图自学《变化的水》这一课。学生不需要依赖教师提问，而是自我提问，不断去阅读课本内容，不断了解与思考相关学习要点：

1. 水有哪些形态？

2. 平时所见的水，它的固态、液态和气态分别是什么样子的？

3. 水的三态如何互相转化？

学生会不断地思考，逐步完善导图（导图完善过程详见下图）。

图 3-1-5 科学《变化的水》思维导图初稿

图 3-1-6 科学《变化的水》思维导图终稿

通过画导图直观地引导学生不断自己提问，不断思考问题，甚至自己主动地猜测和想象，也就使学生萌生浓厚的阅读探究兴趣，从而激活思维。学生边阅读思考，边画导图的过程，相当于学生自我导航，直观地引发五个层次的自我提问，逐渐提升思维层次。

表 3-1 引导自我提问的五维思考层次

思维层次	基本表述	具体体现
整体感知与构思	我可以选择画什么类型的导图？	引导整体感知文本，大胆发现问题。 • 文章主要写了什么？ • 为什么要写？ • 什么是重点？ • 文章怎样记叙或议论？ • 文章结构上有什么特点？
关键细节刻画	我要把什么样的图标、关键词画到导图中？	引发与已有认知建立联系的思考。 • 我想起了这个就像…… • 这和……有关 • 我还想起了…… • 这个就是…… • 我注意到…… • 这个词在这一句中有几个意思…… • 这个句子在这篇文章里的重要作用是……
表达文章逻辑	我可以在哪里连线？	找字词句段之间的联系，或者联想，或者预测。 • 我觉得……就要发生，因为…… • 这里跟那里形成鲜明对比，可见…… • 有因必有果，由此可以预测……
挖掘文章主旨	用红色笔在导图中标注哪些想法、猜测和疑问？	引导深入理解、推理，或者感悟。 • 从这段描写，我可以推断出…… • 这让我知道了…… • 我猜之所以……是因为…… • 但是，为什么……
迁移深层体悟	在导图上，哪处要标心情或者感悟？	记录个性化的理解和评价。 • 我认为…… • 在我看来…… • 我喜欢 / 不喜欢…… • 我赞同 / 不赞同……因为…… • 我悟到了……

例如，小学生阅读《海底世界》，不同的自我提问，就决定了不同导图类型的选择，就会画出不同的导图，也就会有不同的阅读收获。

图 3-1-7 《海底世界》思维导图局部

从图 3-1-7 中能够看出学生不仅读懂了文章描写的内容，还关注到其中运用的数字说明的方法。

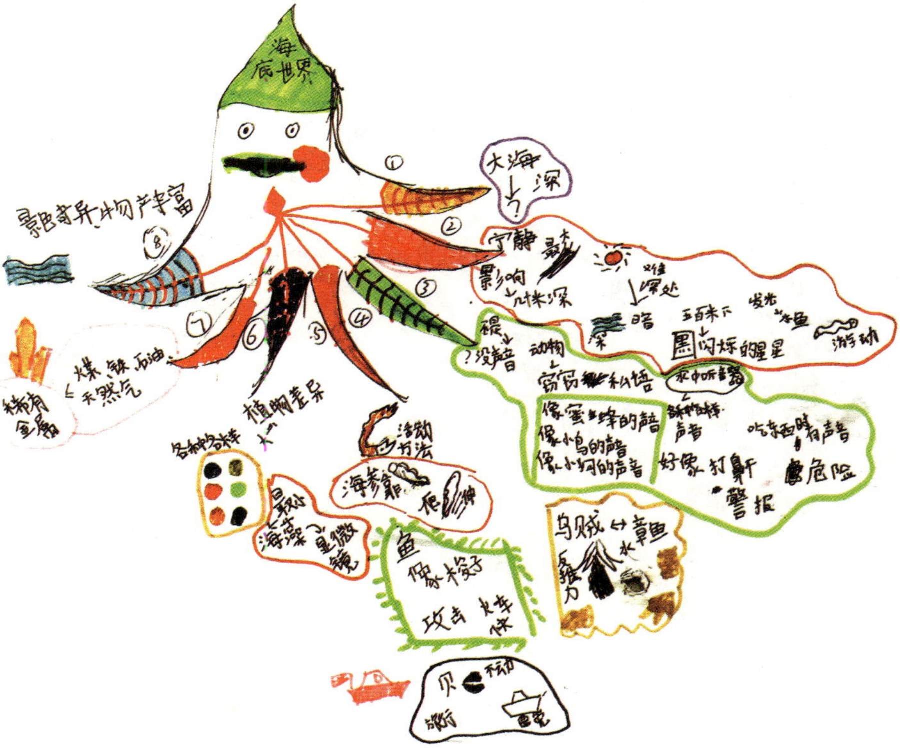

图 3-1-8 《海底世界》思维导图 1

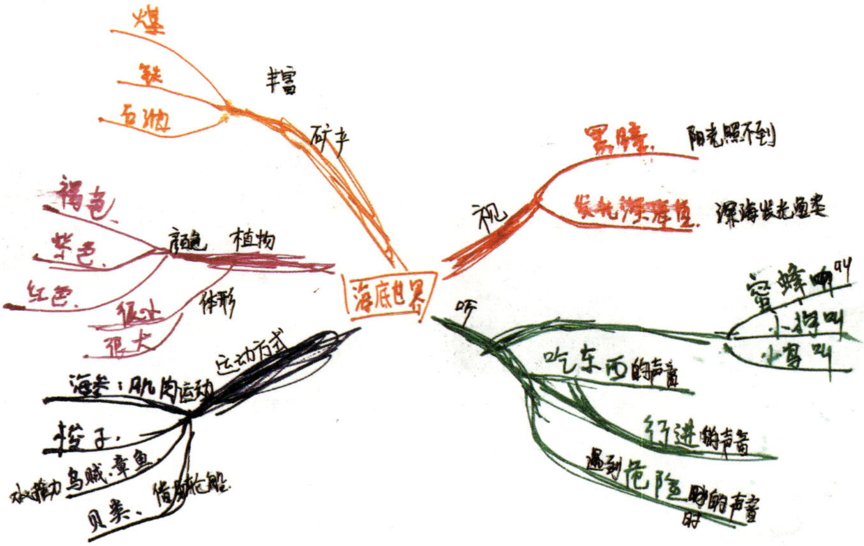

图 3-1-9 《海底世界》思维导图 2

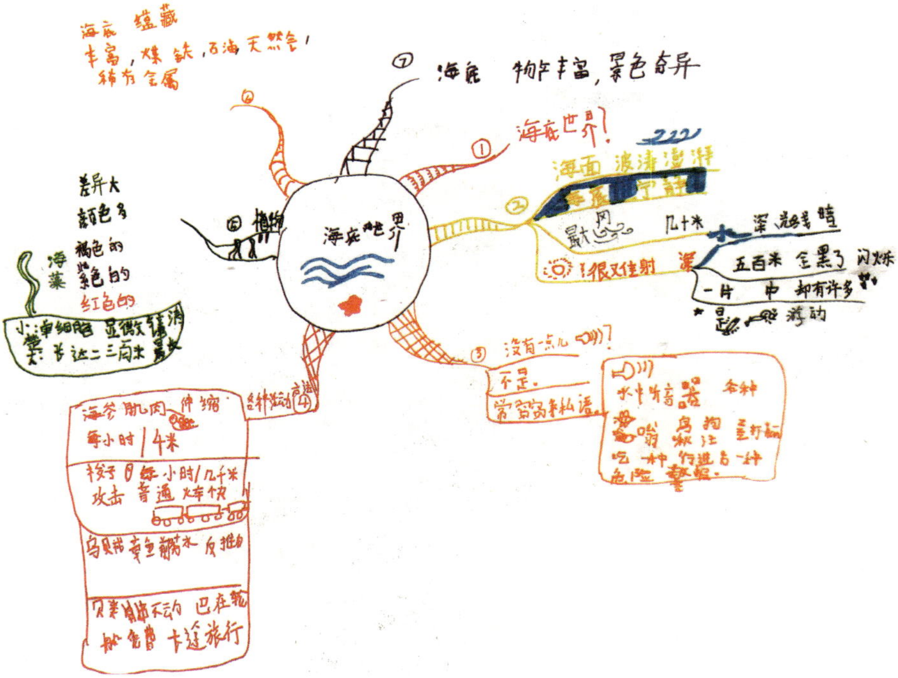

图 3-1-10 《海底世界》思维导图 3

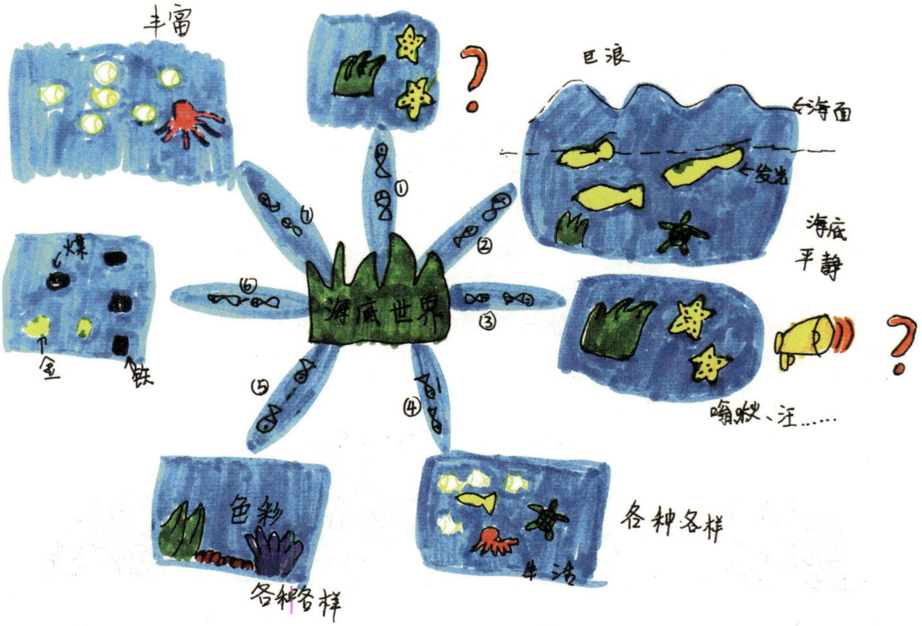

图 3-1-11 《海底世界》思维导图 4

这 4 名同学利用思维导图对《海底世界》进行了分析，以“海底世界”为中心，通过简笔画和关键词，向我们呈现了五彩斑斓的海底世界，体现出绘图者善于通过概括发现事物的本质。

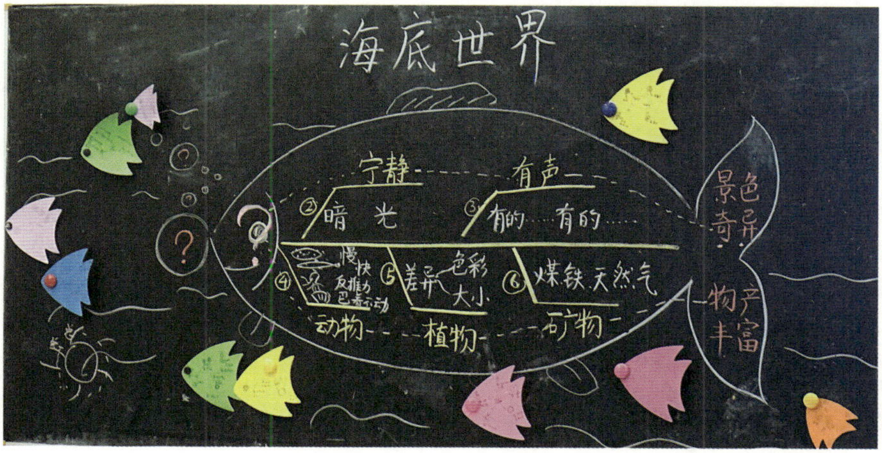

图 3-1-12 《海底世界》鱼骨图

图 3-1-13 《海底世界》金字塔图

然后，每一个人的思考，每一个人的阅读所得，通过师生、生生互动，相互交换见解，建构新导图，比如探索应用鱼骨图、金字塔图，应用另一种思维重新整合大家的自学成果，共享在交流讨论过程中生成的新认识，不断修正和完善自己的导图，这就是最好的阅读理解的深入和思维层次的提升。

又如，学生自己画思维导图复习《中国现代史》，看学生的导图，就知道学生对自己提过多少问题，做过怎样深刻的思考，对哪些知识点做了归纳、整理和分析。

学生被动提问的课堂，为了易于统一答案，对课文的理解和主题的把握方面，教师只停留在让学生明白“是什么”，常常提出的是指向思考低阶的问题。这些问题只能培养低阶思维技能，学习低阶知识，只注重记忆所学内容。而如果教学过程能变被动提问为学生主动质疑问难、自问自答，学生就会在各种开放性的问题驱动下，进行独立思考，自主学习，自主应用导图整理记录自己知

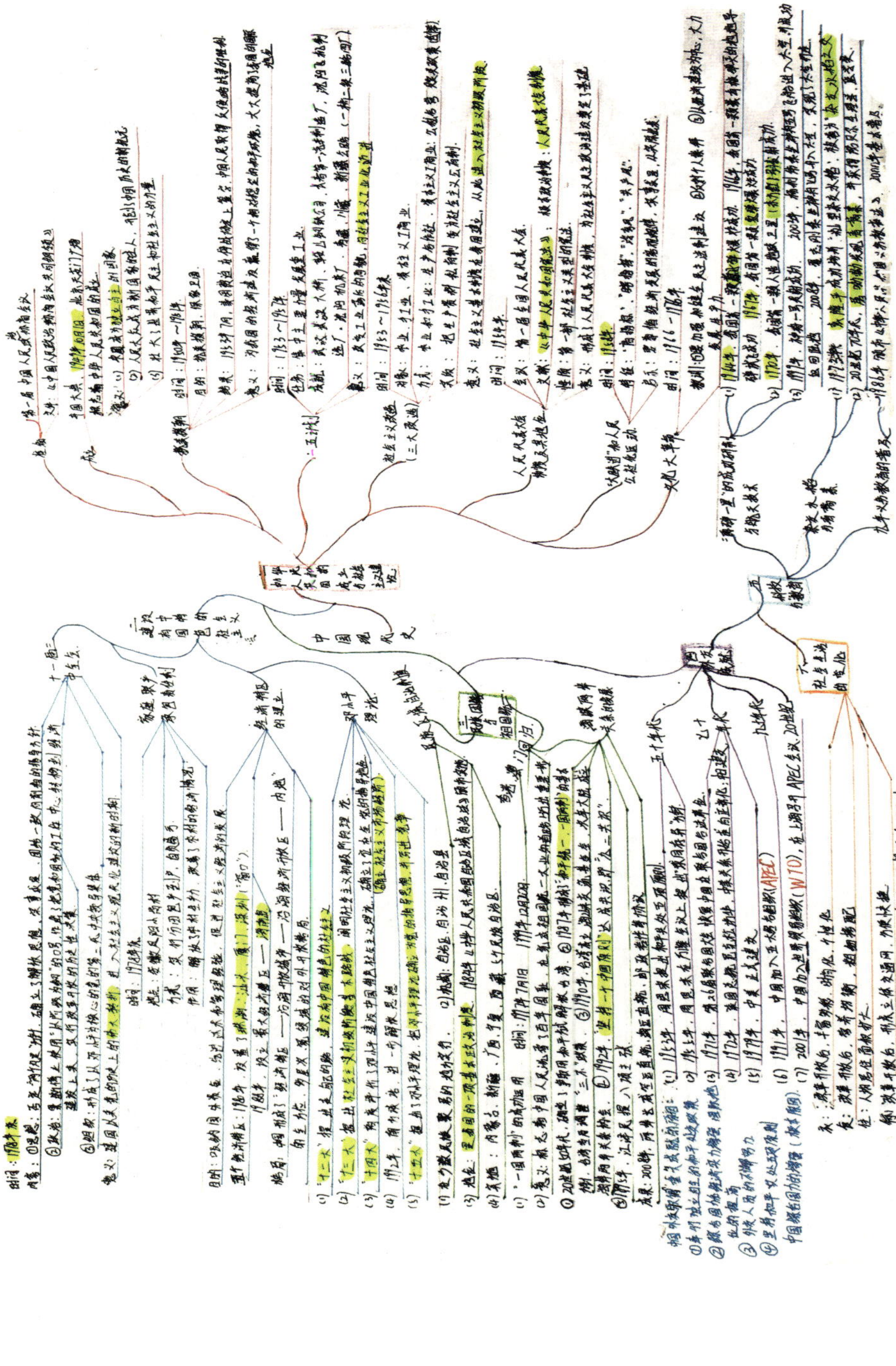

图 3-1-14 中学历史《中国现代史》思维导图1

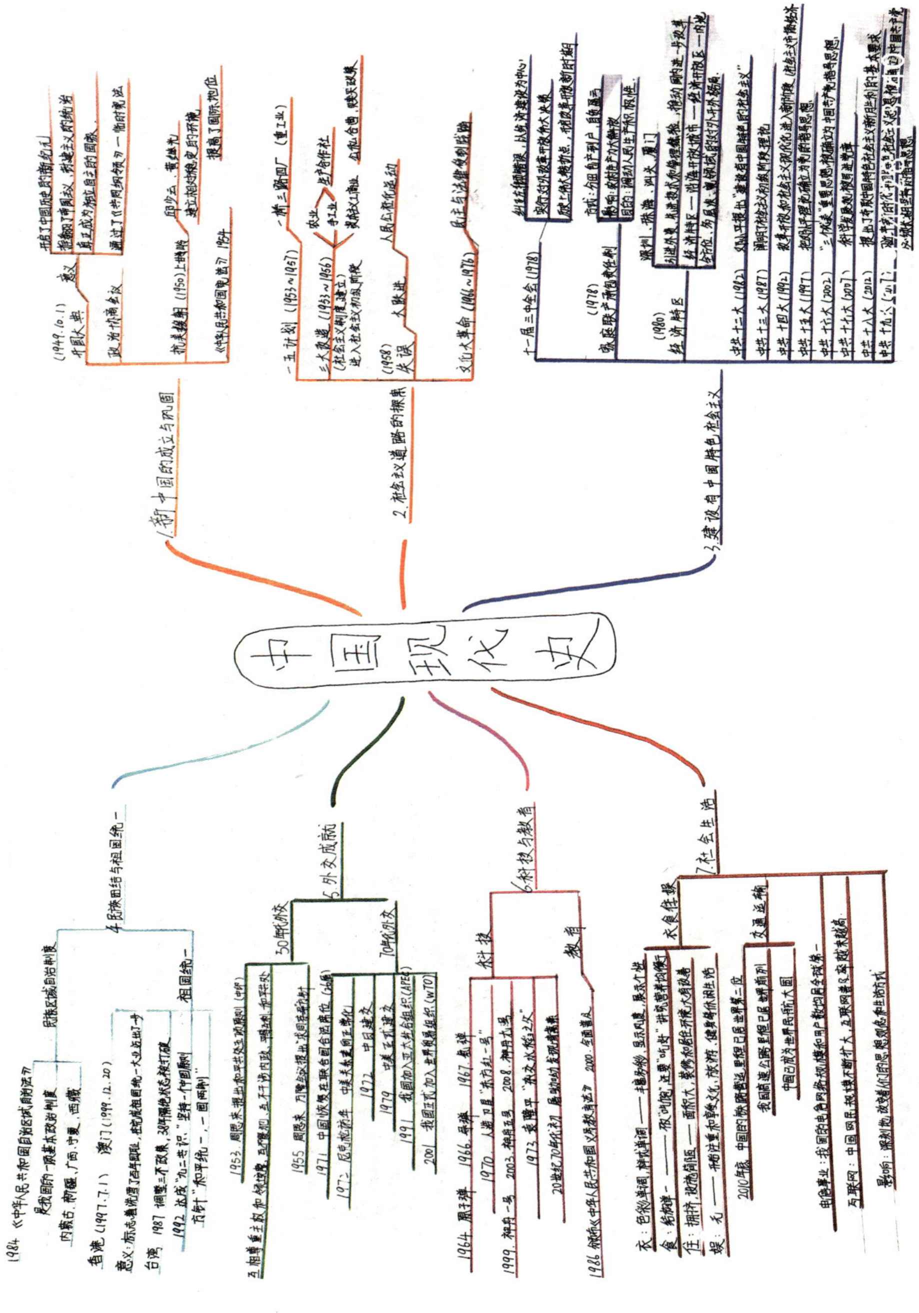

图 3-1-15 中学历史《中国现代史》思维导图 2

道了什么，想到了什么，为什么这么想，还想知道什么。学生不断地自主思考“为什么”“怎么样”，由画导图的主题到分支，由点到面，由细节品读到回归整体的结构图示，由画自己读懂的，到补充加入听到别人汇报的思考成果，来完善导图。整个过程，导图都在发挥重要的引导思维的作用，直观地驱动学生全程的学习思考，驱动学生主动质疑，驱动学生追求知道更多、把导图画得更完美、解答心中的困惑。学生自主推测、判断、分析、思考、聆听，自行整理、归纳、总结、分析问题、解决问题，这正是于无形中训练、培养学生的批判性思维等高阶思维能力。

二、变被动学习为主动学习

这是一种被动学习。

比如说，小学语文课上，全班学生齐读，课堂上学生齐读是很热闹的，但是这样的课堂教学方式，学生思维的层次有多高？究竟多少学生在主动地研读，在积极地思考？我们能否只用学生的朗读效果来判断一节课的好坏？

真正的主动学习并不拘泥于形式。就像齐唱、独唱、重唱、合唱等，都是演唱的表现形式。演唱形式可以表现不同歌曲题材、体裁和情绪，但演唱不是分析与品味不同歌曲题材、体裁、情绪和作品的丰富内涵的唯一方式。哪怕不太会唱歌、五音不全的人，也能够用他自己的方式思考和表达他对歌曲的认识，或者用他自己的方式高歌一曲。

那什么样的学习是主动学习呢？根据学习金字塔理论（详见图 3-2-1），利用导图记录所思所想、互为示范、共享思想成果，正是一种能调动学生主动学习的学习方式。

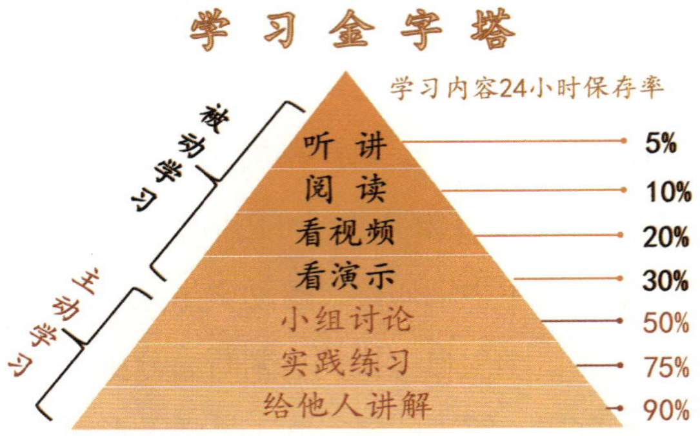

图 3-2-1　学习金字塔图

例如，学习许地山的《落花生》，学生自学课文时自由发挥。有的学生抓住了这是一篇叙事散文的特点，画出发散结构的思维导图。有的学生抓住了这课托物言志的特点，应用韦恩图画出了课文如何借写花生的特点来托物言志的结构导图。

图 3-2-2　《落花生》思维导图 1

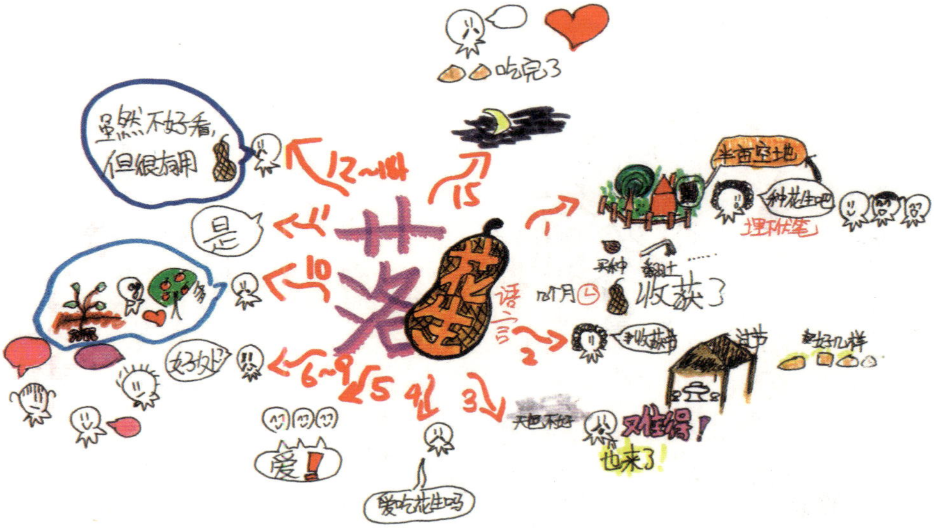

图 3-2-3 《落花生》思维导图 2

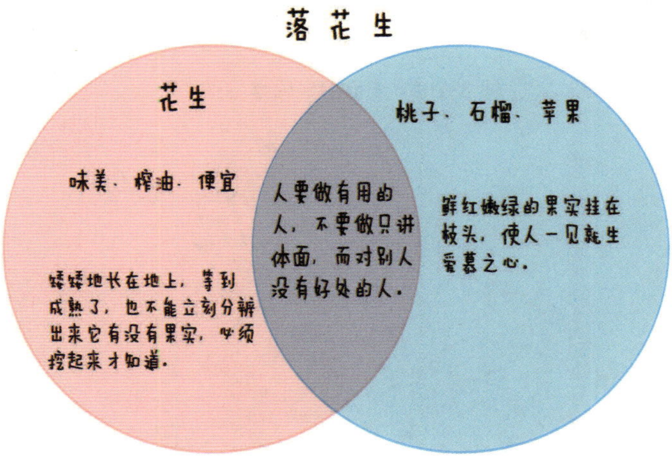

图 3-2-4 《落花生》韦恩图

又如，《手指》是丰子恺先生的散文，文章开门见山，指出每个人都有十个手指，一只手上的五根手指各有所长，各有所短。有的学生抓住这篇文章形散神聚的结构特点，画出发散模式的思维导图。有的学生根据文章以小见大、借物寓理的表现手法上的特点，画出了韦恩图。

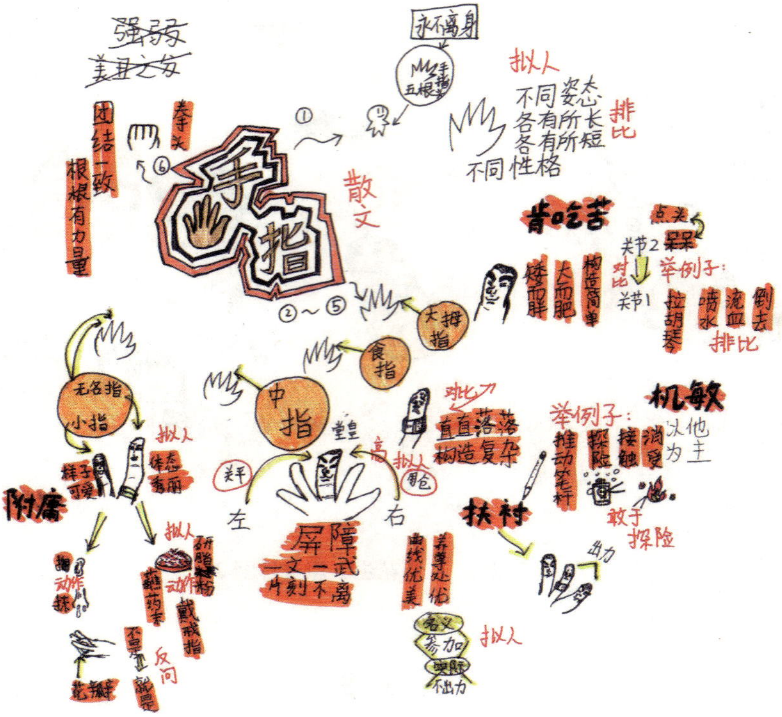

图 3-2-5 《手指》思维导图 1

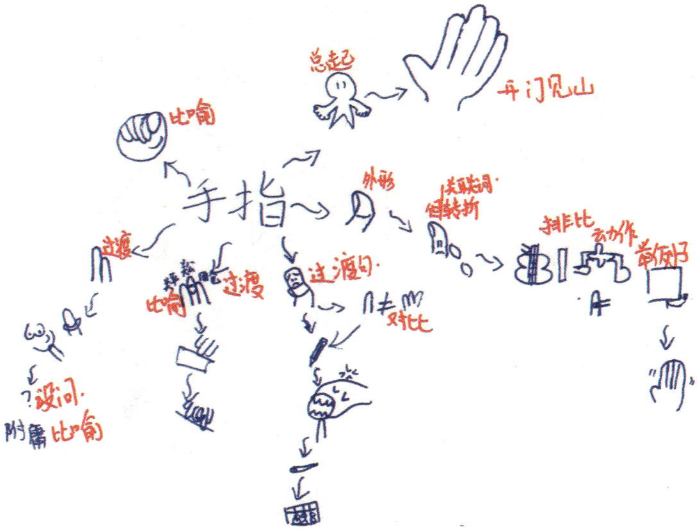

图 3-2-6 《手指》思维导图 2

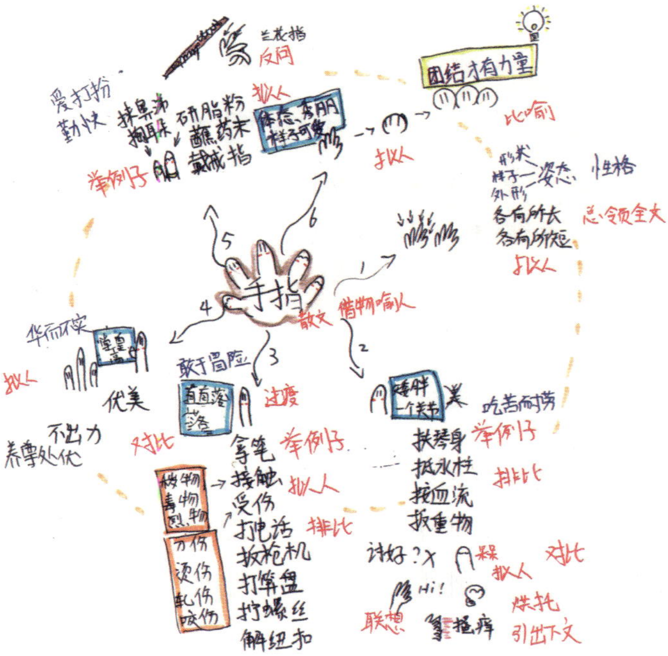

图 3-2-7 《手指》思维导图 3

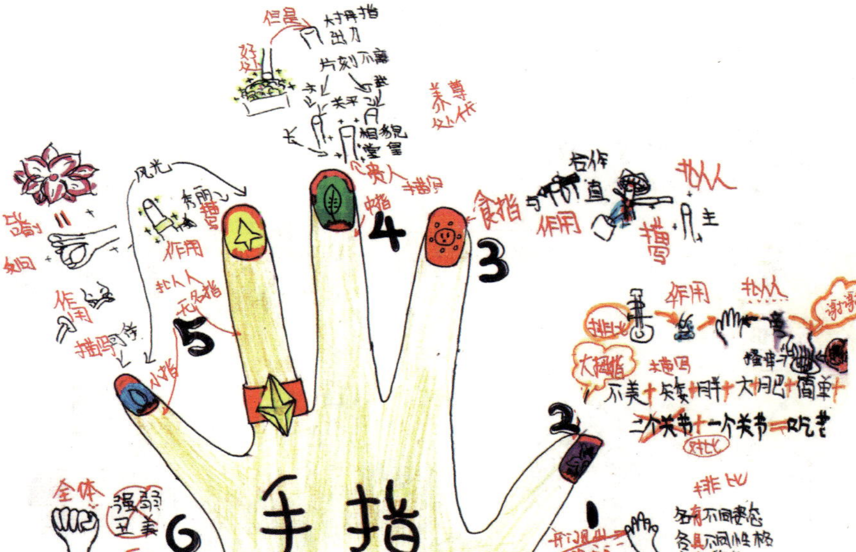

图 3-2-8 《手指》思维导图 4

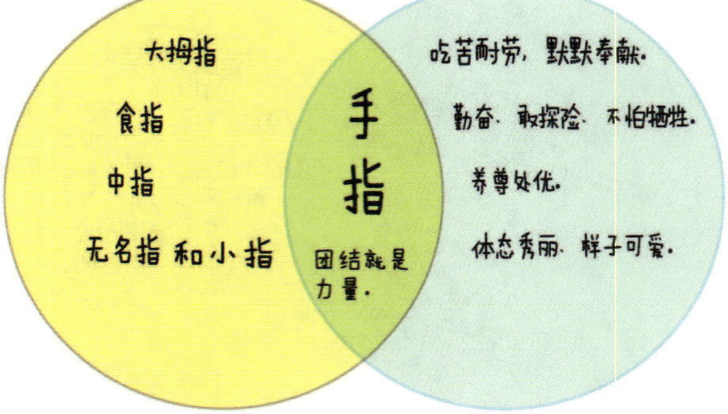

图 3-2-9 《手指》韦恩图

再如，学习《美丽的小兴安岭》，学生自学课文，自行发挥。三年级学生利用思维导图深入分析《美丽的小兴安岭》一文：利用思维导图先对小兴安岭进行大致的描述，之后又分别对小兴安岭的春夏秋冬四个季节的特点进行具体分析；最后进行总结，得出小兴安岭的魅力所在。另外，一名学生通过手绘和必要的文字说明将文中描述的小兴安岭一年四季的景象栩栩如生地呈现在我们

图 3-2-10 《美丽的小兴安岭》思维导图 1

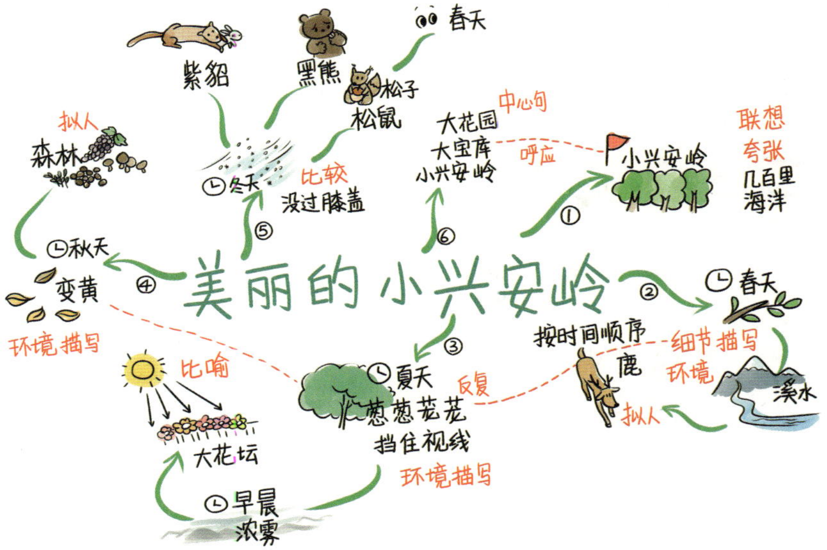

图 3-2-11 《美丽的小兴安岭》思维导图 2

面前。该思维导图围绕中心主题“美丽的小兴安岭”延伸出六条枝干，每一条枝干及各枝干的分枝对课文的每一个段落进行描绘，通过绘画将文章再现，并用文字对各个段落运用的修辞手法与各个段落之间的关系进行说明。学生通过图文并茂的思维导图对文章进行分析梳理，把握文章结构与整体内容和细节。

最后，也有学生自主学习，积极思考，用不同的导图帮助整理相关知识，使得记忆更深刻。

有的学生利用思维导图对初中物理中“力”这一主题知识进行了分解、梳理与联系，由手绘的一只强有力的胳膊来生动形象地体现出“力”这一主题，并由此延伸出二级分支，即“运动与力”和“力与机械”。“运动与力”又延伸出“力”“力的类型”“运动”以及“力与运动的关系”四个相关联的分支，并不断从各分支逐渐细化至基础知识点，而这些末端的关键词也是学生应该掌握的知识与技能。另一主干分支“力与机械”亦是如此，每一条分支逐渐细化，通过带箭头的连线来将各个知识点进行联系、建构，使得学生对“力”这一章有了更深入的理解，更好地帮助他们在头脑中形成“认知地图”和形成更系统、更稳固的知识结构。

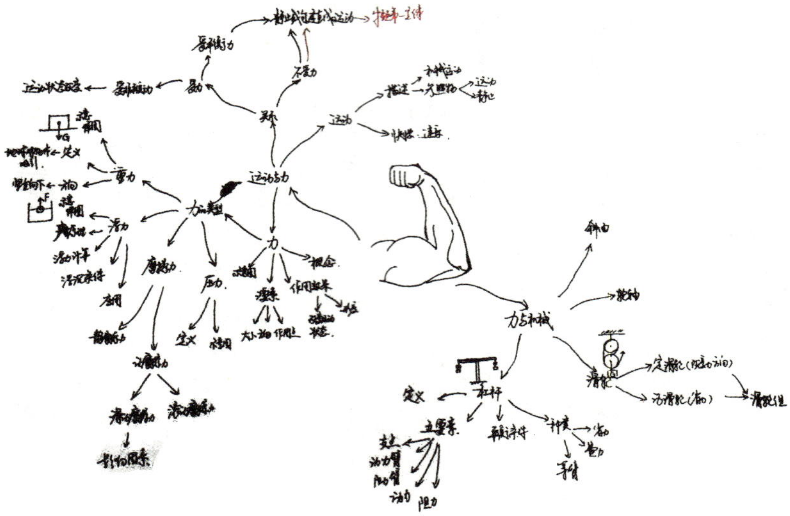

图 3-2-12　初中物理《力》思维导图

有的学生学习初中物理《浮力》时，利用思维导图对物体的浮沉条件、定义及应用等知识进行分析，使自己对所学的浮力知识理解更加深刻，记得更牢固，更能结合生活实际应用，达到良好的学习效果。

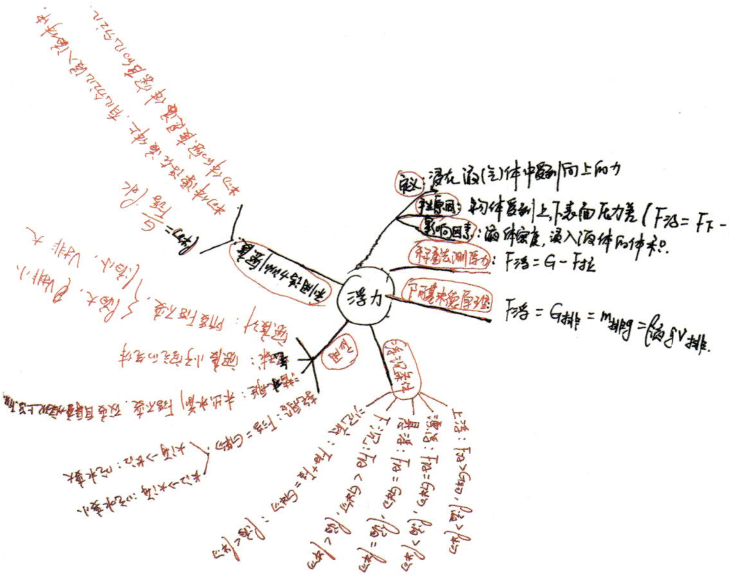

图 3-2-13　初中物理《浮力》思维导图

还有的学生采用导图对《氢原子光谱》进行重点分析和整理。第一名学生采用金字塔图，运用总—分的结构，从巴耳末系、氢原子光谱中的其他线索、原子光谱等方面对氢原子光谱进行相关知识的分析和归纳，从而在思考过程中不断积累和升华知识。第二名同学利用树形图分析、整理氢原子光谱知识，从巴耳末系、氢原子光谱中的其他线索、原子光谱等方面由浅入深地分析和归纳，逐步加深对氢原子光谱知识的理解。

图 3-2-14 《氢原子光谱》金字塔图

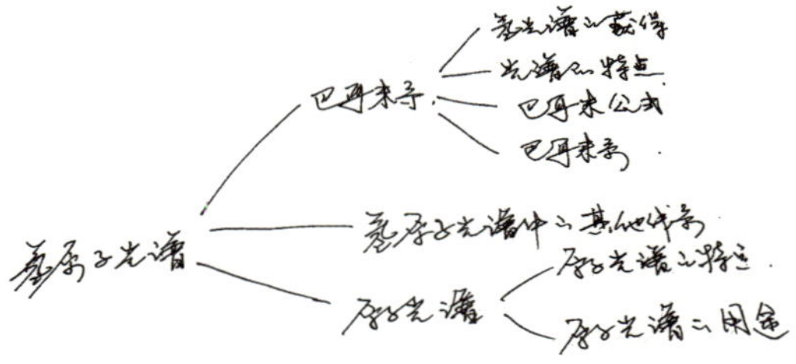

图 3-2-15 《氢原子光谱》树形图

学生和教师应用导图直观地交流探究，每一个人分析的角度不同，画出的导图也就不一样。但在向同伴直观展示导图、讲解分析问题的时候，学生能对所学知识印象更深刻，记忆更持久。这样一改过去教师主讲、学生被动听的“满堂灌”的学习方式，而是学生先独立学习，再师生共同研讨、直观交流。这样的主动学习，学生收获会更多，课堂容量会更大。在互动中进行思维碰撞，激发各种认知冲突，不断完善导图，提升思维，学生更积极主动参与到知识的建构过程中，从而主动地吸收知识，了解同类问题的解决办法，钻研热情更高，记忆更深刻。

三、重学习过程，促潜能激活

就发展而言，思维能力和思维方式，是人的最大核心竞争力。学科知识的学习与记忆固然重要，但是学习学科知识的思维方式、思考方法，对学生形成学习习惯，适应未来生活的挑战，更有着不可估量的作用。从小对学生思维潜能的激活程度，训练思维的高度和深度、广度，很大程度上决定了他们今后处事的格局，以及解决问题的能力。

例如，学习《雪孩子》这个故事后，学生要结合自己的个人阅读体验，完成一道课后习题——把句子补充完整：雪孩子变成了天空中的云，那是一朵（　　）的云。

学生先画思维导图，再填空。

看学生导图中的云朵形态各异，色彩不同，便可知道每个人都对雪孩子会变成怎样的云，展开了不一样的想象。

图 3-3-1 《雪孩子》思维导图

其中，有一个小男生把云画成黑黑的一大片，他为什么把云画成黑色的呢？原来小男生想：乌云密布，就是要下雪了。大雪落下，雪孩子就马上可以回到小兔身边了。

多么让人惊喜又充满童真童趣的想象啊！孩子心里想的不是永别，而是久别之后必会重逢！

一片黑云，画出了潜藏在孩子心底的丰富想象和美好愿望。孩子画的导图是对文本内容的多元化的释放，每一幅阅读导图都是独特的，是文本意义再生和意义深化的体现。这小男生按照自然规律，画出自己的思考和想象。对“黑云”的成因及未来变化，作出判断和推测，他展示了自己的逻辑思维、批判思维和创新思维潜能。

那么，在简单的画导图、自学思考过程中，学生在习得学科知识的同时，如何掌握各种思考问题、解决问题的框架，促进自身潜能的激活？

1. 将知识条理化、系列化

知识学习往往不是重点，而是解决问题的起点。要想创造性地解决问题，就需要自己对知识有足够的理解和认识，能够把握知识点之间的内在关联。导图就是这样，能够把所学内容按照逻辑排列，形成个性化导图，最终达成自己对知识点的独特理解。

例如，学习《乌鸦喝水》的故事，学生看着教师画的环形图，大多能记住整个故事的梗概，把故事有条理地复述出来。

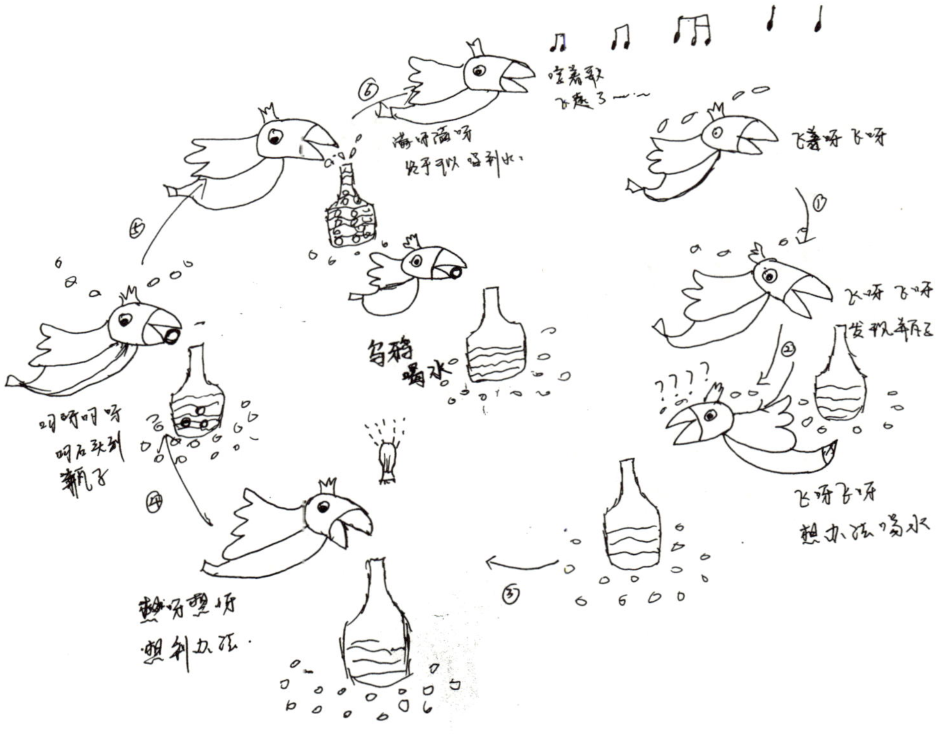

图 3-3-2 《乌鸦喝水》环形图

图 3-3-3 《荷叶圆圆》思维导图

图 3-3-4 《雪地里的小画家》思维导图

一年级语文上册的《荷叶圆圆》，是一篇轻快活泼的散文诗，充满童趣。针对低年级学生的特点，教师板画思维导图，画出诗中的小水珠、小蜻蜓、小青蛙、小鱼儿四个小伙伴，用关键词将它们的动作等标在导图里，直观地突出夏天动植物的特点，展示了荷叶的美，传达了荷叶为伙伴们带来的欢乐。

一年级学生边朗读，边看教师画思维导图，学习《雪地里的小画家》这首优美的儿歌。学生这样学，不但能从朗读中体会儿歌的语言美、节奏美和意境美，而且能从导图的图标和文字中直观地感知这首儿歌句式排列整齐的结构美、生动的充满儿童情趣的想象美，同时通过画面的形象，记住整首儿歌的内容，同步进行重点字扩词的训练。通过导图中加连线组新词的形式，随词识字与语境中识字完美结合，这样既符合小学生认知规律，又有助于学生识记并理解生字，还有助于各知识点的整理，令课堂学习内容具有整体性，有利于长时记忆，一举多得。

又如，二年级学生学习《我要的是葫芦》，学生已经可以先画导图自学课文。我们看学生画的导图就知道，他已经读懂了，知道这个故事讲述了一个人一心想要心爱的小葫芦长大，认为叶子上的蚜虫与葫芦毫无关系。学生可通过在导图中画出人物的语言泡泡，直观地记录课文中第二、三自然段时，故事中的主人公对葫芦叶上的蚜虫毫不在乎，也不听劝说等内容（详见图 3-3-5）。最终葫芦被蚜虫蛀了，他的愿望也落空了。

图 3-3-5 《我要的是葫芦》思维导图

看学生画的思维导图，教师就可以知道学生自己能读懂故事情节。因此，根据学情进行教学。课堂上，学生展示导图，复述故事即可。教师不必领着学生一句一句地读，一句一句地讲解故事，而只需在学生复述汇报过程中，适当提示，及时点拨，再引导学生进一步思考故事告诉我们什么道理。

学生也可能从不同方面思考故事的寓意。基于这个人的教训，学生可能提出：

（1）故事告诉我们，遇事要多听别人的意见，不要自己想当然；

（2）同一事物的各部分之间是有密切联系的，所以才有“牵一发而动全身”之说；

（3）事物的发展，不能只要结果，而不管过程。过程中的细节，往往是成败的关键。

学生画出的每一幅导图，无论是怎样的理解，都证明了学生是真正想象了画面、了解了故事内容，能从多个角度分析领悟故事的寓意。

以上案例证明，导图有助于学生将学习内容直观地形象化、条理化、系统化，帮助学生持久记忆。

2. 直观找到知识的规律，辅助掌握同类知识

在学习同类知识的时候，学生往往会出现知识混淆、理解错位的情况，为此传统的学科教师往往会采取重新带领学生学习或进行有计划的题海战术。然而，作为充满好奇心的学生往往厌恶了这些机械的外显行为，导致学习效果不佳。我们提倡，将导图应用于各学科的总结复习，帮助学生主动探索，巧妙构思，直观地找到知识的规律，形成自己的知识结构。

例如，三年级语文课《搭船的鸟》，这篇文章专门编排在习作单元。整个单元以“观察”为主线，通过一系列阅读和习作活动引导学生体会“留心观察”的作用。通过画思维导图，学生能了解到文章是以一个孩子的口吻写了他在大自然中认识翠鸟的过程，字里行间充满着一颗童心对自然的热爱，体现了人与鸟在自然中的和谐。拓展阅读，能锻炼学生的阅读能力，同时启发学生学习其中的写作方法，可以真正实现读写结合。

图 3-3-6 《搭船的鸟》思维导图

又如，美术课《绘画中的透视现象》。画面中的主次、远近、虚实、大小、空间等，都需要依靠透视表现。透视的基本规律，简单来说，就是远景物体消失或聚集于一点，中景和近景通过疏密、高矮、宽窄等变化来表现。

图 3-3-7 美术《绘画中的透视现象》思维导图

以上案例证明，运用画思维导图的方式学习，可以变单纯的教学内容的学习积累为找知识规律，辅助掌握学习同类知识的方法，促使思维潜能激活，这对学生的未来发展意义深远。

3. 直观引导思考，激活潜能

学生对导图的应用和理解，远远超出了我们的预想，令许多家长觉得不可思议。在阅读中画导图解读文本，学生主动画作者所写，感作者所感，这样画导图助阅读的经历和体验日积月累，大大拓展了理解力、注意力、记忆力和创造力等思维潜能，可令学生无师自通，习得各种各样的写作方法。

例如，阅读长篇小说《红岩》后，五年级学生利用鱼骨图自然而然地抓住了小说的三要素，即主要人物、环境和情节进行阅读分析，抓关键词，领悟作品的主题，并从中学会编故事、描写环境、刻画人物、推动情节发展的方法，边记录阅读思考，边完善导图，深化阅读理解。

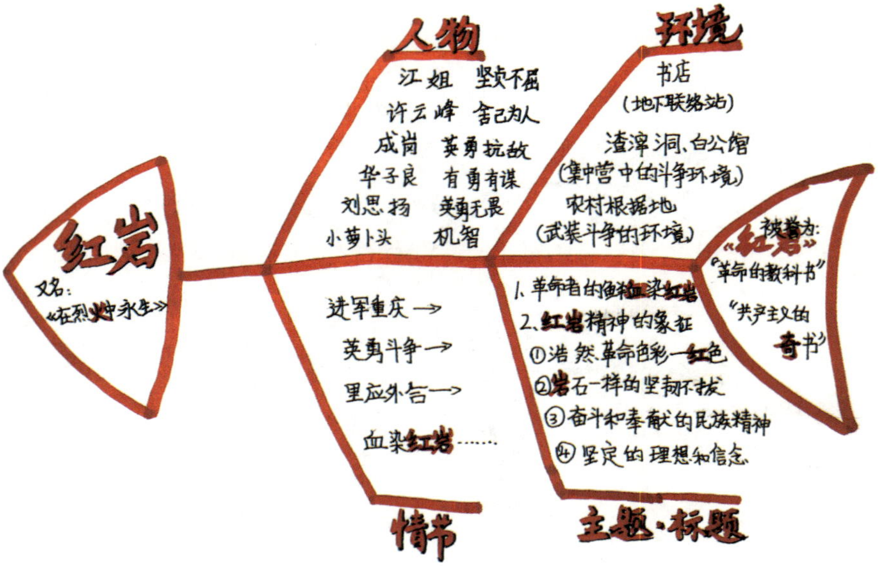

图 3-3-8 《红岩》鱼骨图

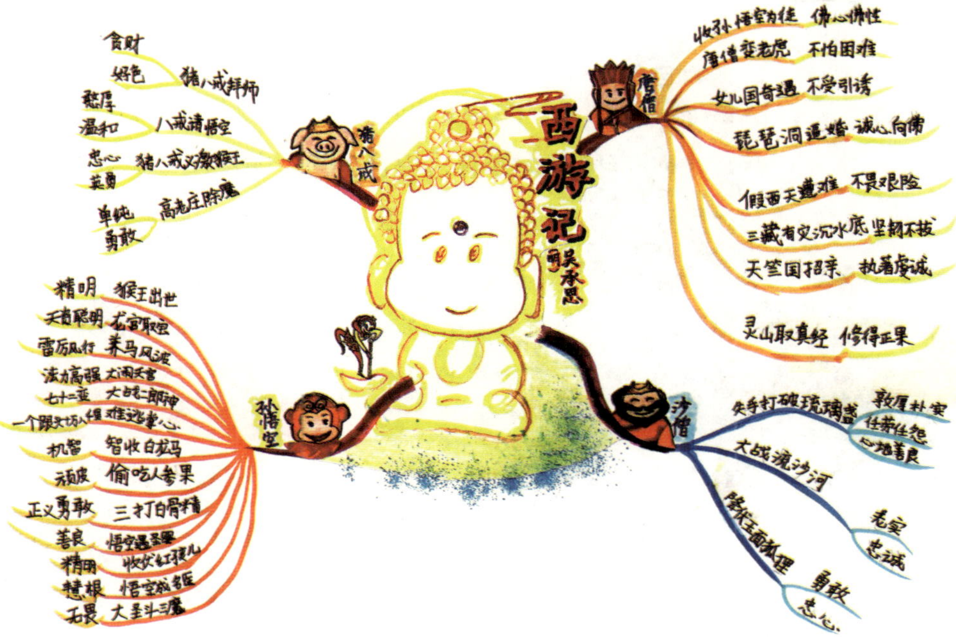

图 3-3-9 《西游记》思维导图

又如，读经典名著《西游记》时，二年级学生运用思维导图在抓住唐僧、孙悟空、猪八戒、沙僧四个人物的主要事件基础上，把握故事内容，了解、分析人物性格。这种画导图辅助阅读理解的经历，既是阅读的积累，更是写作方法的学习。这样的体验多了，学生便能主动把这些写作方法迁移到自己的习作中去。

以上案例表明，画导图辅助阅读理解，能直观深化思考，激活潜能。

4. 化难为易，培养独立思考问题、自主解决问题的习惯

化难为易是解决问题的重要思路，是学生形成自主解决问题意识的关键。导图能够对一段话、一篇文章进行简单勾勒，在不失文章大意的情况下，组织学生利用可视化的图谱对文章主旨进行自主思考，培养了其利用工具解决问题的意识。

图 3-3-10 《大自然的声音》金字塔图 1

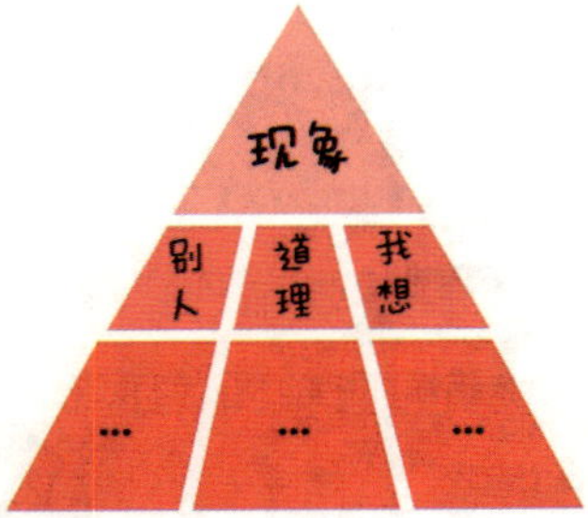

图 3-3-11 《大自然的声音》金字塔图 2

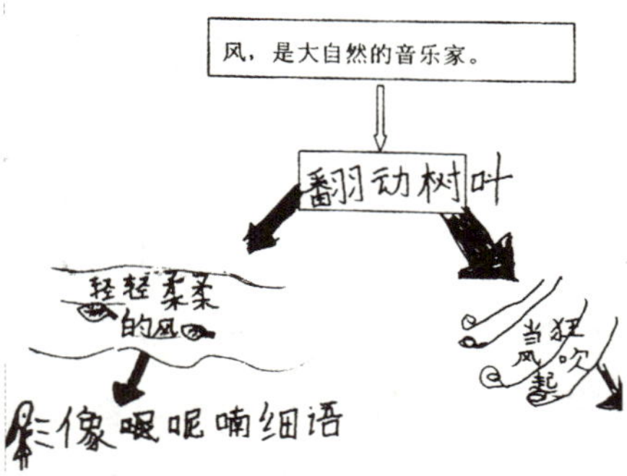

图 3-3-12 《大自然的声音》树形图 1

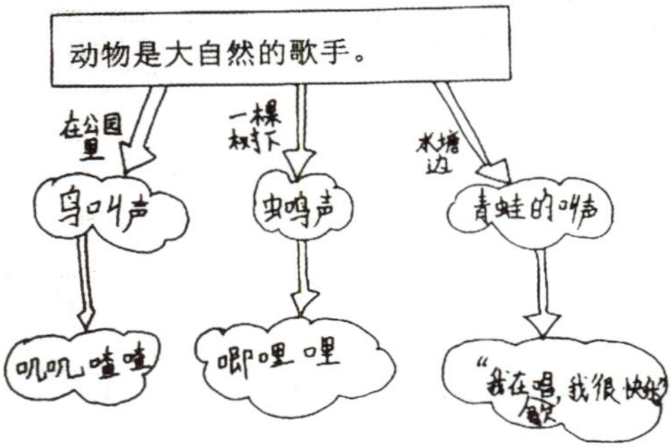

图 3-3-13 《大自然的声音》树形图 2

例如，《大自然的声音》是一篇散文，有四个自然段，通过对大自然声音的细腻描写和摹声，展现了大自然的声音的丰富多彩。

学生自读自悟，边阅读，边画金字塔图或树形图，文章的整体结构便十分清晰，先总后分的段落结构也一目了然。在画图标和标出关键词的过程中，学生由导图引领，读文，想象画面，走进大自然，感受大自然，体验大自然，发现大自然：风，是大自然的音乐家，他会在森林里演奏他的手风琴。当他翻动树叶，树叶便像歌手一样，唱出各种不同的歌曲。当微风拂过，那声音轻轻柔柔的，好像呢喃细语……

以上案例表明，画导图能激发学生独立学习、独立思考的积极性，能培养学生独立分析问题、努力解决问题的习惯。

5. 直观深化思考，培养创新精神

对于学生创新精神的培养，或许每个教师的理解各有不同，有的认为是帮助学生形成问题解决意识，有的认为是帮助学生掌握各种高阶思维能力，如设计思维、计算思维等。我们认为，只要学生进行自主探究，深度思考，形成对知识的独特理解，就是培养创新精神的表现。

例如，导图促进听的训练，即尝试听一段音乐，画导图。音乐起，开始把听音乐时所想象到的画面画出来。音乐停，笔就停。教师边聆听歌曲《柳树姑娘》，边画线性导图，他通过生动形象的图像与相应文字结合，对《柳树姑娘》的歌词进行串联，帮助学生听歌曲时获取生动的表象、丰富感性的认识，掌握歌曲内容，引发想象，并自主创造出自由的舞蹈动作来表达自己欣赏这首歌曲时的愉悦感受。

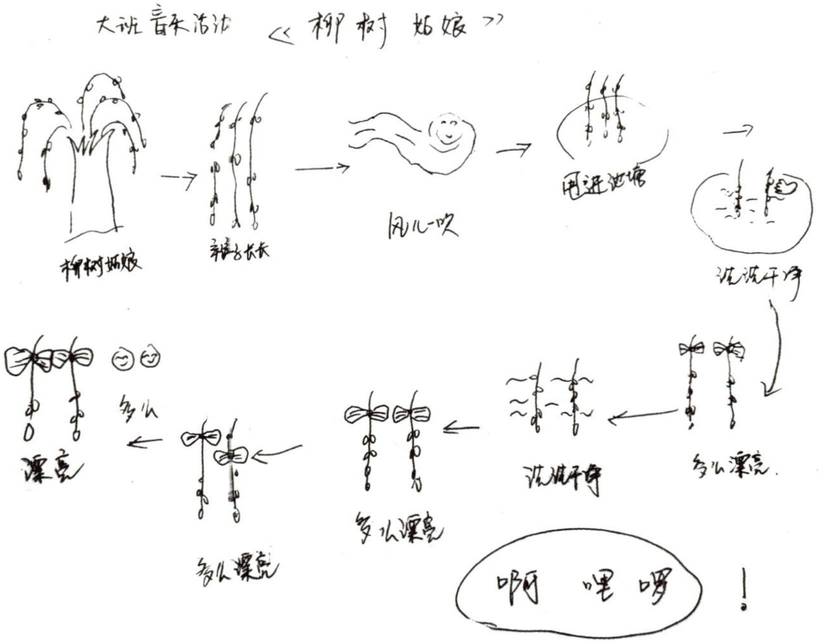

图 3-3-14 幼儿园音乐《柳树姑娘》线性导图

又如，绘制《秋日私语》思维导图。有的围绕“秋日私语”主题，边听边画，将听到的关键词进行分类标在思维导图上；有的通过思维导图记录下听音乐时引发的想象：以森林为中心，延伸出植物、动物和景色三个分支，构成了由花朵、大树、小鸟、梅花鹿、小溪和高山组成的画面。

图 3-3-15　音乐《秋日私语》思维导图 1

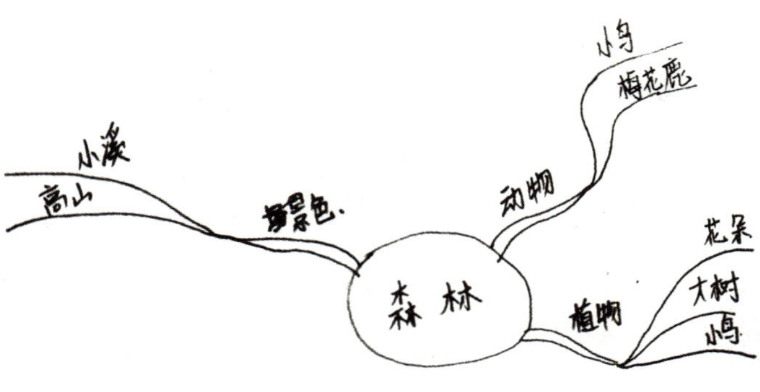

图 3-3-16　音乐《秋日私语》思维导图 2

虽然画面各异，但大家乐于以直观导图交换思想，听音乐时画出的每幅导图，都表明了以下三点：

第一，每画完一个分支还想再画一个分支，逐渐地就会自觉细化思考与想象，进入了追求完美的状态。

可见，借助导图记录所想所感，能很快地调动人在画图时追求完美的本能，克服人固有的、生来就对思维过程走向深入所存在的排斥心理，克服思维惰性。

第二，导图就像大脑中的地图，直接为思维过程导航，能完整地将人的思维、想法呈现出来，让人在头脑放松的状态下，尽享拓展思维的便捷和愉悦。

第三，导图直观可视，可以使互不了解的一群陌生人，在一起听音乐画导图之后沟通无障碍，大家都能看导图说出对方听音乐时大概想到了什么，感受怎样。

每个人之间都存在个性差异，这使大家对一段音乐、一个故事、一篇文章的理解总是不同。在集体交流分享或讨论过程中，每个人画出的不同导图，构成了这个交流分享过程中极为重要的一部分，各自绘制的图式越是不一样，越能分享多个方面的联想与想象、理解与感悟，越能使沟通交流深入各个层面，越能使讨论触及多个领域，记下更多灵感，带出更多创新。

又如，导图促进说的训练。二年级学生画金字塔图，介绍自己亲手做的美味食品。按导图指引，学生先总后分地打开自己的话匣子，有条理地向大家介绍自己亲手做的炒饭、糖水、炒鸡蛋等美食，还把美食所用原材料的形状、颜色、味道都用图标表示出来。学生边说制作过程，边指着金字塔图直观地说明，很好地表现了他的动手创造能力。还有学生想象：熊猫是怎样历经多种交通工具，才从中国运送到外国的？凭借自己的丰富想象，通过棒棒糖形导图构思国外熊猫的来历。学生通过棒棒糖形导图，将数字序号和形象的交通工具连接起来，巧妙地创编了一个中国熊猫搭乘小车、火车、飞机等交通工具顺利到达国外的故事。学生指着自己画的导图讲得绘声绘色，表现出了他的创造力和满满的自信心。

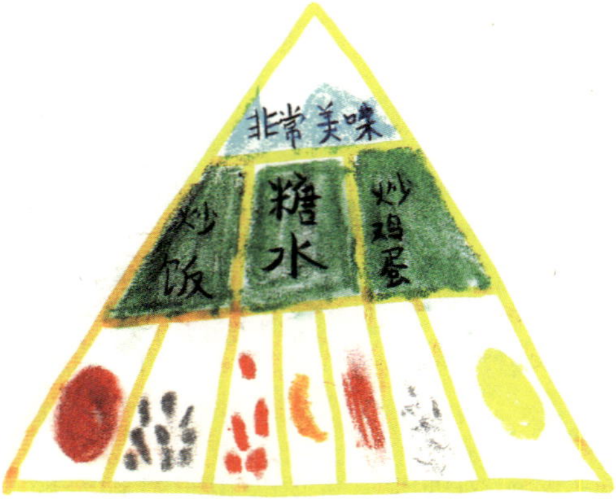

图 3-3-17　劳动教育《炒饭、糖水和炒鸡蛋》金字塔图

图 3-3-18　《外国的熊猫怎么来》棒棒糖形导图

再如，导图促进读写训练。部编教材小学语文四年级下册的略读课文汪曾祺的《昆虫备忘录》由《复眼》《花大姐》《独角仙》《蚂蚱》等四篇短文组成，通过描写四种昆虫外形、习性、活动等方面的特点，展示春天里昆虫界的画面。“试着把观察到的事物写清楚”，是这一个单元习作训练的重点。四年级学生爱表达自己的想法，也能够完整表达，但他们的表达常常缺乏一定的逻辑性。读懂课文后，教师让学生尝试画金字塔图，直观地将观察事物的方法和把

事物介绍清楚的思维方式迁移到该单元“口语交际——春游去哪儿玩”“单元习作——我的植物朋友”的训练中，使读说写训练相互融合。学生按照导图指引构思，进行说话写文时，表达能够更有个性、更有条理，更能创造出自己的新篇章。

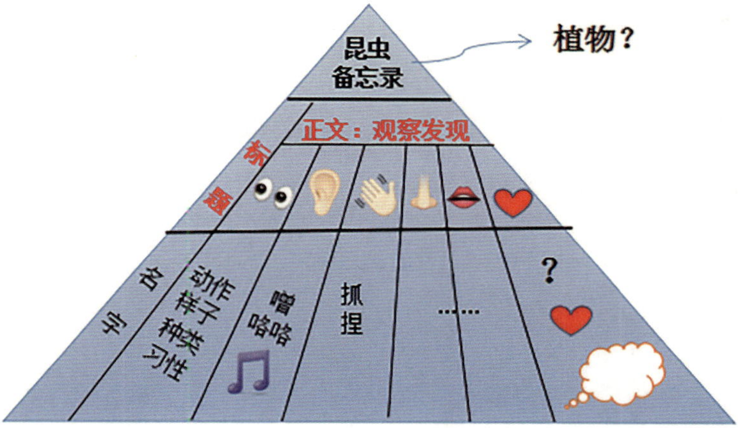

图 3-3-19 《昆虫备忘录》金字塔图

文章读得多了，学生就会触类旁通，获得独立解决同类写作问题的能力，增强独立写作的自信心和提升构思注意力的集中程度，帮助学生举一反三，主动感知。学生还能通过导图灵活地、创造性地调用各种写作架构，规划自己的写作，安排自己的作文主题和写作思路，从整体上布局谋篇，丰富写作的内容。

总而言之，导图让学生以直观的方式深入思考，可以提高思维品质，培养创新精神。

温馨提示：

教师和家长想在学习过程中激活孩子的潜能，如何与孩子交流，如何对孩子在听说读写方面的展示作评价更合适呢？

1. 态度友好。以抒发感受式的评价为主，以正向指引取代简单的对与错的判定。

2. 适时表扬。表扬时，要说出具体好在哪里，怎样好，告诉孩子好的理由。例如，“我很欣赏你的……”这相当于指引孩子今后可以怎么思考，怎么做会更好，可以及时强化无意识的好的表现，给予具体的思维方法指引。

3. 恰当追问。例如，“你还有其他的理解吗？还有更好的想法吗？”不断激发孩子发散思维和创新思维。

第四章
以图促教　从教学到课程

导图应用于课程与教学，在原有基础上推陈出新，释放活力，开启了从文本到图形、图画的新时代，激发学生的原动力，促进学生潜能的激活。本章主要结合多年来对导图导学教学模式的研究，包括“天生会表达”“双基总复习”“导图导学画出好作文”以及“天生会表达”线上课程等，都深入探讨导图如何促进课程开发与教学设计，期望为一线教师提供些有益参考。

一、谈教学设计，先更新理念

身处互联网时代，知识可以从各种途径获取。但是在获取信息这一点上，教师和学生具有同等的便利条件，再不是“一桶水”和“一杯水”的关系。现在的师生关系：

学生不是学习的客人，而是学习的主人。

教师不能是“鸟妈妈”，只靠自己一人消化了再喂给雏鸟。

教师不是唯一的“大厨”，要自己把所有食材烹调处理过了，客人才有美食。

因此，谈教学设计的前提是我们必须更新教学理念。现在的课堂中，教师的角色是向导，是引路人，只指明方向，却不可取代学生去行走与体验，要让学生自由领略风光；

教师是导师。学生读到一段文字，觉得好，但不明白为什么好时，教师只作点拨，指引思考分析的方法，而不是直接给出所谓的标准答案。

教师要善于预测，了解学生关注什么，会有什么困难需要解决，要善于调用资源，帮助学生找到合适的支架，做直观的建构，让预测提前到位。教师要直观地引导学生形成高阶思维能力，引导学生主动参与、乐于探究、勤于动手，培养学生收集和处理信息的能力、获取新知识的能力、分析和解决问题的能力以及交流与合作的能力。

1. 导图导学，利用已有的资源

适当进行思维训练，学生的思维是可以被改善和提升的。以棒棒糖形导图来呈现思维课堂的基本步骤，可以清晰地展现思维课堂的结构，帮助实践者在头脑中形成思维课堂的脉络。

那么，要在小学语文课上进行思维训练，基本操作步骤是怎样的呢？

小学语文思维课堂主要包括五个环节：独立思考 + 小组讨论 + 集体汇报 + 迁移运用 + 综合创新。每个训练环节的作用环环相扣，构成了小学语文思维课堂的五个基本步骤：生成问题—合作探究—直观交流—应用迁移—拓展创新。各环节要落实的训练重点是层层提升的（见图 4-1-1）。

图 4-1-1 小学语文思维课堂的基本步骤

第一步：生成问题

自由画导图时，学生独立研读课文，直接与文本对话，可以灵活地设置问题的起点，积极将学习内容和生活实际以及自己原有的经验和已有的认知相联系，并连锁生发更多问题。

导图，直观地启发学生自主思考、主动思维。通过不断自发地提出新问题，或发现新知识与已有认知结构的认知冲突，在生成问题、分析问题、尝试自己解决问题的过程中，完成自我思维的激活，通过“同化”或“顺应”，构建起新的认知结构。

第二步：合作探究

思维课堂将课堂还给学生，让学生通过合作探究，从根本上激发学习兴趣，培养学生解决复杂问题的自信心。比学会发现问题和提出问题更重要的，是学生在自主思考的基础上，通过合作探究，分析那些自己无法解决的复杂问题，最终找到解决问题的方法。

看导图交流讨论的过程是学生积极主动学习的过程，是在互动中进行思维碰撞、激发学生的认知冲突的过程。其中，教师能够更具体地了解学生从理解到内化到表达有什么困难，有什么优势。教师的核心任务是促进学生积极地思考，帮助学生拨开云雾见光明；或者成为学生观点的对立方，紧扣问题，与学生深入辩论，让“真理越辩越明”。教师要营造鼓励互动探究的学习氛围，培养学生批判性探究思考的能力，让学生遇到认知冲突时，可以开放地讨论，分享各自的观点。学生通过不断的争辩，形成自己的观点和感悟。

第三步：直观交流

学生画的导图中，分散地对课文中的字词句进行理解思考，形成一个个生成点；词句间的联系，则是把点连接起来的线，它们所构成的网络，就是我们的知识结构。知识点决定了学生可共享知识的广度，连线决定了学生可共享知识的深度。

借助思维工具解决复杂问题的阅读实践过程，能直观地整合各人从不同角度、不同途径去品读所形成的全方位、多方面的理解，学生从中学会解决较为复杂的问题。

第四步：应用迁移

学生能够学以致用，实现知识迁移，才算是真正学会学习。学生在新一轮的学习中，应用迁移学过的思维框架，进行直观思考，用结构化的思维理性分析同类问题；迁移所学知识，解决新问题，引发新的交流讨论；用导图不断反思，不断完善思考；用导图直观记录自己的思维过程，展示课文的思路和结构，呈现自己的学习要点。由此，巩固已知，降低学习新知识的难度，学生的知识迁移能力、与人交流沟通的能力，以及逻辑思维能力、批判性思维能力和创造性思维能力，都能得到充分锻炼。

第五步：拓展创新

语文思维课堂学习中，教师通过导图，能引导学生直观地记录语言文字的品读所得。每一幅导图都是一幅独一无二的创作，是对课文理解的直观展示。边读课文边画导图的过程本身，就是指引学生大胆从不同的角度思考，通过不同的途径去解决阅读中产生的问题。画导图的学习方式，能拓展学生的思维，引导学生创造性地解决问题，引发学生的创新热情。

2. 互动探究，用好生成性资源

思维课堂的生成，是指课堂中自然形成的思维训练。主要是在学习过程中，借助导图工具，引导学习知识的同时，激活学生与生俱来的思考潜力，培养良好的思维品质，使学生有独立自主意识，有想象力，有推理、判断与创新的思维能力，更通情达理，有批判精神。

思维课堂是基于学生的自主研读，成于课堂的交流互动的。从学生画导图时的自主阅读提问、自主探究，到在自发提出的各种学习问题中，引发低层次或者高层次的思考，由此生成多层次的问题，引发认知冲突，再在与学伴和教师共同看导图、直观讨论中找到解决问题的思路，并反思相应的解决问题的框架，增长元认知，形成结构化思维。然后，应用迁移这些有助解决问题的思维框架去解决新的学习问题。整个语文思维课堂，沿着以问题为主线的生成路径，使思维训练与新知识的学习无缝对接（见图 4-1-2）。

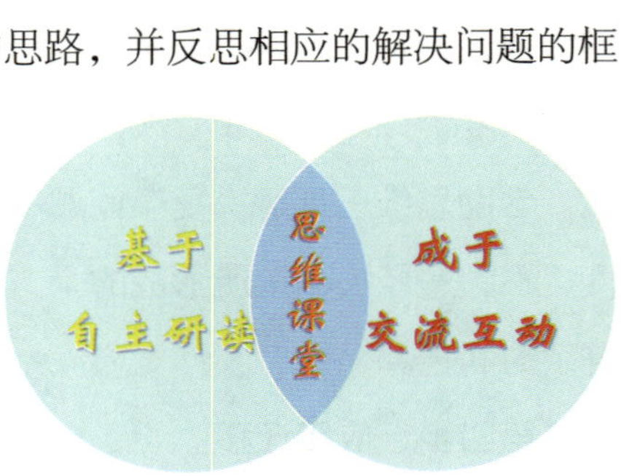

图 4-1-2　思维课堂的生成路径

第一步：自主探究，激发学习动机

思维课堂，需充分利用教材本身进行思维训练。思维训练不是外加的几句口号、几个必须提出的问答题、几组必须完成的练习，而是与课堂内容学习同步的，对字词的积累，对篇章结构，对行文的思路线索，对写作的方法、表现形式等成体系的认识。

学生直面文本，通过画导图的方式学习，其实正是自主探究、自我激发学习动机、亲身经历知识建构的全过程。学生边思考，边画导图：记录自己读课文知道了什么，想到了什么，为什么这么想，还想知道什么；怎么画导图的主题和分支，画什么图标和关键词。如此，学生直观地驱动着、记录着阅读的思维过程。

第二步：生成多层次的问题，促进认知冲突产生

学生自己借助导图支架去思考、学习。例如，部编版教材一年级语文上册中，学习用“车”字组词（见图 4-1-3）。学生在完成给“车”字组词的导图练习的同时，会自然形成多层次的问题，产生认知冲突，从而生成三种思维训练。

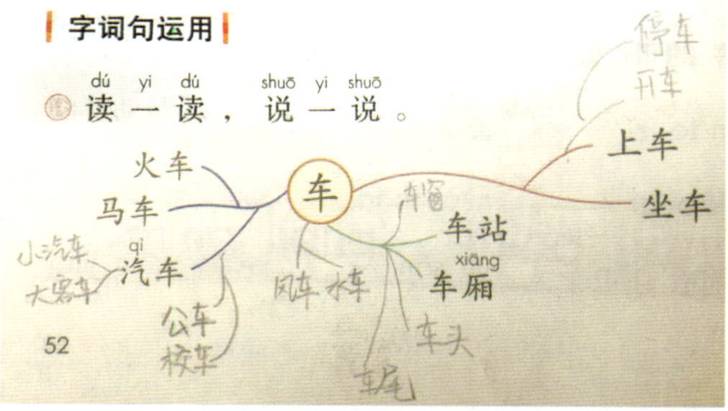

图 4-1-3 “车”字组词思维导图

一是发散思维的训练。

导图直观引导学生围绕“车”字思考：还可以组更多的词吗？由此发散思维，形成头脑风暴。不需要教师反复督促，学生都会积极思考、记忆，主动拓展组词的范围。学生不会觉得想了十多个组词是学习负担，反而会自主展开高效的学习。

二是分类别的逻辑思维训练。

导图直观引导有层级的、类别清晰的思考方式，直观呈现出各组词间的关系。学生在思维过程中，会产生一系列认知冲突，例如，如果组词“停车”“开车”，那么应与“上车”等归在同一分支上，还是归到“车站”等的分支上？每组词语都看作一个新层次的中心，又可以发散组成什么新词？新词又该归入哪个分支才合适？由此，学生可训练提高分类的逻辑思维能力。

三是想象力和创造力的训练。

在导图中完成组词练习，可以直观地调动学生的想象力，催生新的知识生长点。如除原有的几类组词外，学生突发奇想，以一个新的分类引出一条新的分支，按车的动力源组词为“水车”“风车”，如果考虑它们的词性同属名词，是否又该与“马车”等归为一类？在提出新词的过程中，学生会产生一系列认知冲突，由此，提高学习效能，同步培养想象力与创新思维。

第三步：反思解决问题的框架，形成元认知

教师在应用思维导图进行组词教学过程中，可以在学生学习的过程当中潜移默化地融入思维能力的训练。阅读理解后，看导图讨论，反思学习过程，也可以使学生学到更多解决问题的框架，形成元认知，帮助他们今后更清晰地看问题。

学生应用导图，能更自由地想，有层次地想，灵活地想，引申地想，联系地想，对比地想，发散地想，有效地发展思维，有效地克服思维的主观性，突破思维的局限性，避免思维的混乱和无序，形成结构化思维去面对新的学习问题，从而更有效地学习。

交流互动过程中，教师需要了解学生，分析学情，找出学生从理解到内化到表达会有什么困难，有什么优势。教师的核心任务是促进学生积极地思考，帮助学生拨开云雾见得光明；或者成为学生观点的对立方，紧扣问题，与学生深入辩论，让“真理越辩越明”。创设鼓励互动探究的学习环境，培养学生批判性探究思考的能力，让学生可以开放地讨论某个主题，分享自己的观点。学生通过不断研读，形成自己的观点和感悟。而这些都是课堂上有利于促进学习取得效果的，很有价值的生成性教学资源。例如，教师在学生识字的过程中，及时应用思维导图记录，帮助学生系统记忆识字方法。

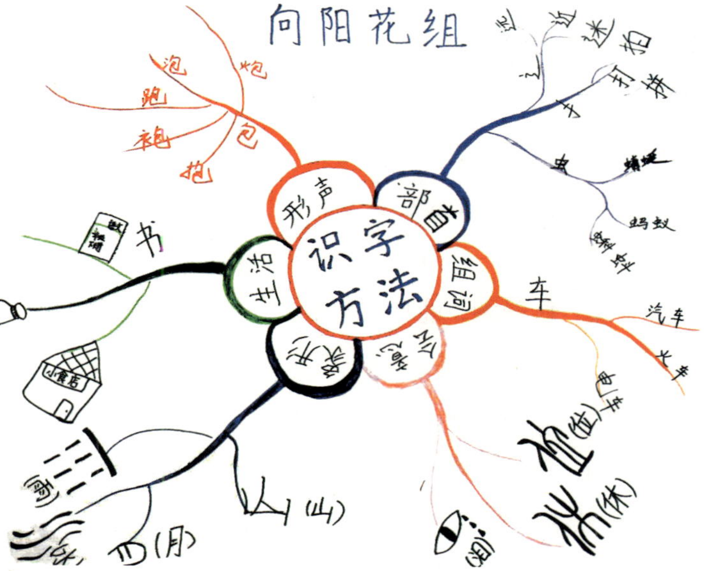

图 4-1-4 《识字方法》思维导图

整理和归纳“识字方法”，分别从部首、组词、会意、象形、生活、形声等六个方面对相应特征的字词进行整理和归纳。由此，教师应用导图厘清相应的识字方法作为识字课的小结，直观地帮助学生对学过的字词建立更深层次的理解，同时提高学生对识字方法的迁移能力，锻炼学生系统性整合信息的能力，增进学生思维活动的灵活性。

第四步：应用迁移，进入新的学习

画导图的过程，也就是每一个学生根据个人的学习经验、学习习惯、能力水平、兴趣爱好应用导图工具，迁移学到的解决问题的框架，进入新的学习，并自主调整关注的内容和学习的节奏，实施个性化学习的过程。

思维课堂，利用导图互为示范，直观交流、共享阅读成果，可以调动学生学习的主动性。教师只需及时点拨，在学生自学的基础上做思维引导和提升。

二、发展思维，设计新教学模式

教无定法，但导图的形象性、具体性、探究性和可感知性，使导图导学成为特别能发展思维的教学策略，导图导学实际应用于各学科的具体教学模式，有以下 9 个特征：

（1）自成梯度：遵循儿童能画出理解的天性，遵循他们的认知规律。

（2）联系实际：让学生基于已有认知，自觉联系生活实际，进入思考问题的情境。

（3）脑补情境：画导图，能自然瞄准想象的“触发点”，脑补情境，激发思考动力。一点一点想，一点一点画，记录自己的思维过程。

（4）难易适度：导图导学，适合学生水平，符合最近发展区要求，遵循跳一跳够得着的原则，让学生通过自己的努力，获得属于自己的导图学习成果，在自身已有能力的基础上，锻炼思维，获取成就感。

（5）先易后难：通过画导图，学生会选择将自己能弄懂的内容先画下来，之后再通过听同学汇报、听老师评点，逐渐受到启发，认识比较难理解的内容。这样先易后难，就能一点点深入，从而收到良好的学习效果。

（6）启发思维：导图直观引导学生从多个维度去思考，促进每一个学生都在自身已有的认识基础上提升，从而提高问题解决的效率，达到锻炼思维的目的。

（7）应用迁移：在画导图认知的过程中，学生通过导图可以直观调动分析、类比、归纳、演绎等思维策略，从而迁移所学，去解决新问题。

（8）点燃灵感：画导图的过程会不断激活思维，使学生发现新问题，点燃灵感的火花。

（9）发展思维：画导图能激发学习兴趣，培养可持续的自学能力，提升学生的思维品质。

因此，发展思维的教学模式值得不断开发，而且意义重大。下面以语文、数学、体育等学科为例，谈谈如何应用导图提炼发展思维的新教学模式。

1. “创疑导学”模式

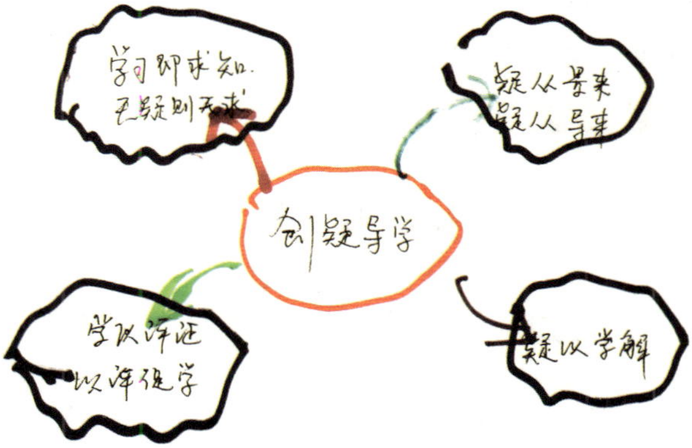

图 4-2-1　教学理念“创疑导学”气泡图初稿

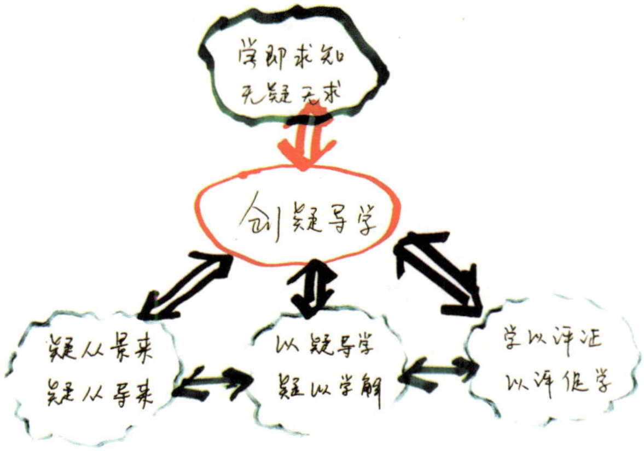

图 4-2-2　教学理念“创疑导学”气泡图终稿

以上画导图的过程，呈现了对“创疑导学”这一教学模式进行探索的过程，这两幅导图均用了气泡图的形式来呈现“创疑导学”这一教学理念的中心思想以及如何进行“创疑导学”的过程。

而由初稿到终稿的过程是绘图者逐渐发现“创疑导学”各要素之间关系的过程，初稿将各要素与“创疑导学”之间仅看作从属关系，并将“创疑导学”作为中心主题，而从终稿中我们可以看到要素与要素之间的因果关系和相互联系。终稿将“学即求知，无疑无求”作为中心思想，并得出在教与学的过程中应体现“创疑导学”这一教学理念的主题，然后由“创疑导学”延伸出三个相互联系的气泡来说明该教学理念的实践过程。

2.“高效阅读”模式

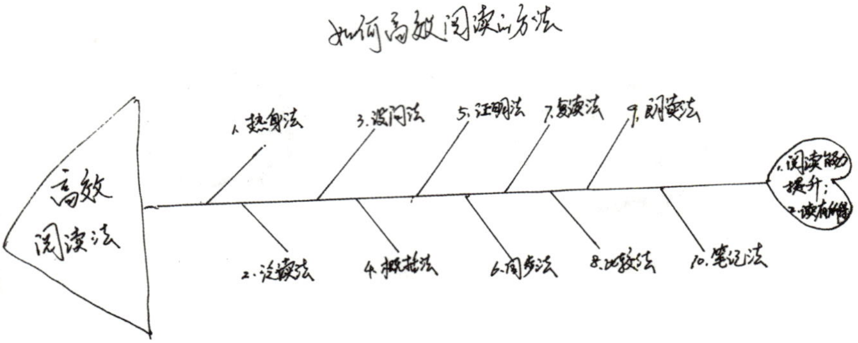

图 4-2-3 《如何高效阅读的方法》鱼骨图

又如，孔老师通过鱼骨图描绘了高效阅读方法：导图直观地显示了高效阅读法，以提升阅读能力为目标，应用热身法、泛读法、设问法、概括法、证明法、同步法、复读法、比较法、朗读法和笔记法，引领学生高效阅读。这一鱼骨图也体现了孔老师善于应用导图提炼自己的教学经验。

3.“语文基本技能培养”模式

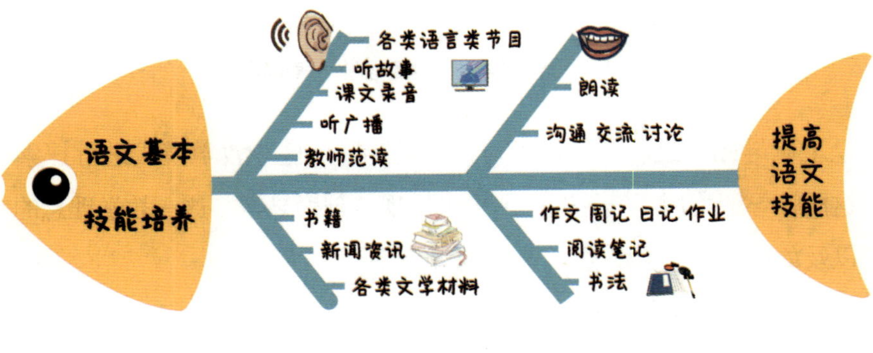

图 4-2-4 《语文基本技能培养》鱼骨图

以上是唐老师通过鱼骨图的形式向我们呈现了语文基本技能培养所应包含的要素，由鱼主骨延伸的四根鱼刺分别代表听、说、读、写四项基本技能，通过四项基本技能的培养可提高学生的语文基本技能。通过鱼骨图的形式将语文基本技能进行分类、总结和归纳，教师和学生都会对语文教学与学习有更清晰的认识，更有助于加深对语文教与学方法的应用。

4.“分类教学，因材施教”模式

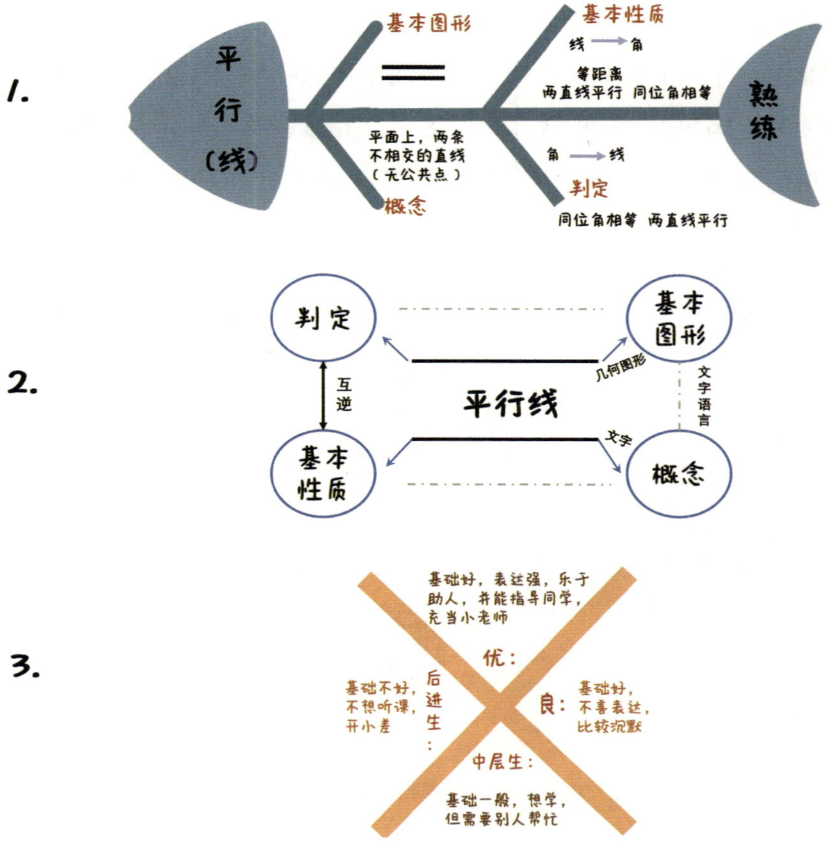

图 4-2-5 中学《平行线》导图

以上导图分别向我们呈现了“平行线”相关知识内容的结构要素、要素之间的关系以及在教学过程中对学生进行分类教学。

序号 1 的鱼骨图中，从鱼头的教学主题“平行线”出发，在鱼主骨上延伸四根鱼刺说明“平行线”这部分需重点掌握的知识有平行线的概念、平行线的基本图形、平行线的基本性质和平行线的判定，并达到熟练的水平。

序号 2 的气泡图表明平行线的判定依据与基本性质是互逆的关系，确定其一即可得出另一结论，而平行线的基本图形与概念之间为互相转换的关系，基本图形与概念之间可通过文字语言来进行转换。

序号 3 的“X”线图将学生整体划分为四个类型，并对每个类型进行说明，教师可借助学生的分类因材施教，保证各类学生学有所得，以此提高学生整体学习水平，提高教学质量。鱼骨图帮助教师和学生梳理知识结构，气泡图帮助其建构知识之间的关系，而 X 线图帮助教师因材施教，以上三幅导图的有机结合发挥了 1+1+1>3 的整体优势，让教与学的过程更加清晰、流畅且深刻。

5.“篮球各位置训练”模式

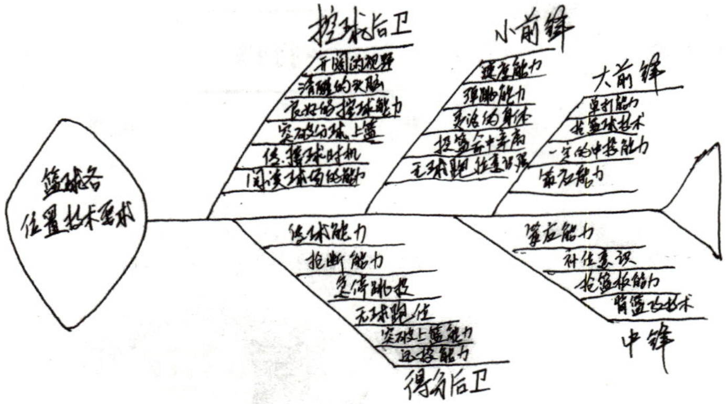

图 4-2-6　中学体育《篮球各位置技术要求》鱼骨图

潘老师利用鱼骨图整理、分析、归纳和总结篮球各位置技术要求的过程：通过鱼骨图，分别对控球后卫、得分后卫、小前锋、中锋、大前锋等篮球位置所需要的外部要求、球员的能力、球员的身体素质等多个方面进行直观分析和总结，清晰、形象地呈现了篮球运动中各个位置的技术要求。

6. “第九套广播体操训练”模式

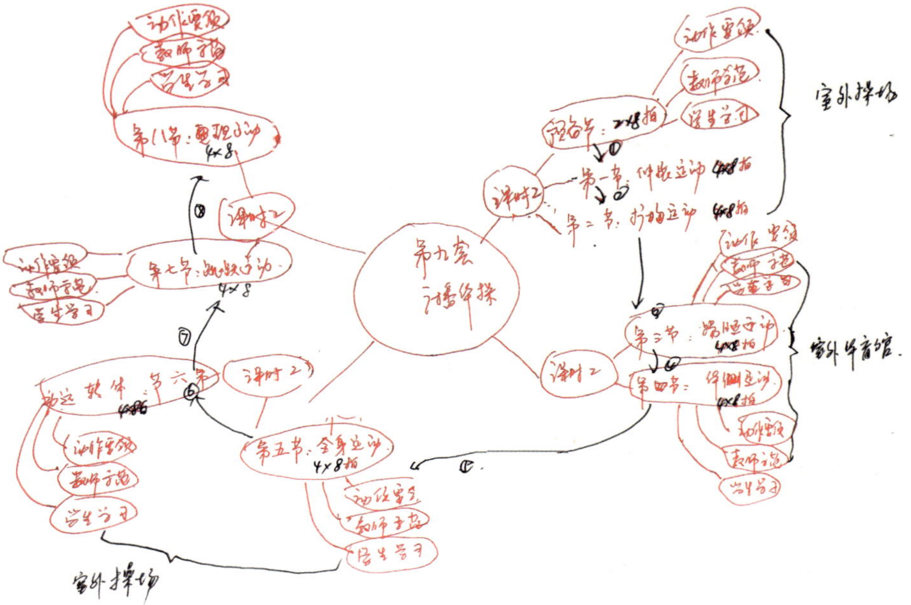

图 4-2-7　中学体育《第九套广播体操》思维导图

罗贤亮老师利用棒棒糖形导图对《第九套广播体操》第二课时的训练内容进行分析：以“第九套广播体操”为中心主题，以预备节、第一节、第二节、第三节、第四节、第五节、第六节、第七节、第八节作为主事件，将每节运动的上课流程、每节运动的动作要领作为外层，对新手教师如何教授《第九套广播体操》有重要意义。此图说明罗贤亮老师能基于已有资源，开发制定属于自己的教学模式。

三、系统研究，开发导图课程

2020 年初，新冠肺炎疫情爆发期间，如何促进学生进行有效的居家学习，成了每个教育工作者迫切关注的焦点问题。为了解决抗疫背景下小学生居家学习中师生不能见面、线上课堂影响学生视力以及居家学习效率不高等问题，华南师范大学附属小学教师创新结合思维导图、混合式学习和以读促写教学法，合力开发了“天生会表达”系列线上课程，构建了学生自主学习、师生混合式学习、家长学生亲子互动式学习等多元化居家学习应用流程。

1.“天生会表达”线上课程的开发

（1）立足学情，明确目标

线上课程的成效既取决于精准的学情诊断，也有赖于清晰的课程目标。

首先，准确把握小学生的学情。小学生思维特点仍以具象思维为主，对图标及视频的关注度、感受力和感兴趣程度，远远大于对文字讲解赏析的接受度。在学习自律方面，高年级的学生虽然已有一定的自控能力，能够围绕学习目标完成学习任务，但仍有个别高年级学生和大多数中低年级学生，需要教师监督与引导，才能完成学习任务。

其次，设计明晰的课程目标。我们力求“天生会表达”线上课程在满足教学内容具有系统性、趣味性的同时，要更加强调教学评价的科学性与可操作性。

①课程内容的系统性和趣味性。课程选文主要基于人教版语文教材和部编版语文教材中的范文，结合思维导图和以读促写，形成 13 册、78 个单元的课程内容和读写知识点。每个单元都是按照“赏佳作—画导图—小练笔”的结构展开，先创新应用导图进行阅读指引；接着，迁移和调动阅读中学习积累的写作知识和丰富的词汇，绘制写作导图；最后按图撰文，完成习作。

②教学评价的科学性和可操作性。该课程的教学评价主要依据《1~7 星级写作水平标准》（详见图 4-3-1）。该写作水平标准是在充分学习相关文献的基础上，把小学生阅读写作过程中需要掌握的基本方法和知识技能等，从“内容与交际性”“思维与结构”“修辞与言语”三个写作维度，纵横划分为七个星级，是一套科学、合理的写作水平标准。

图 4-3-1 《1~7 星级写作水平标准》一年级树形图

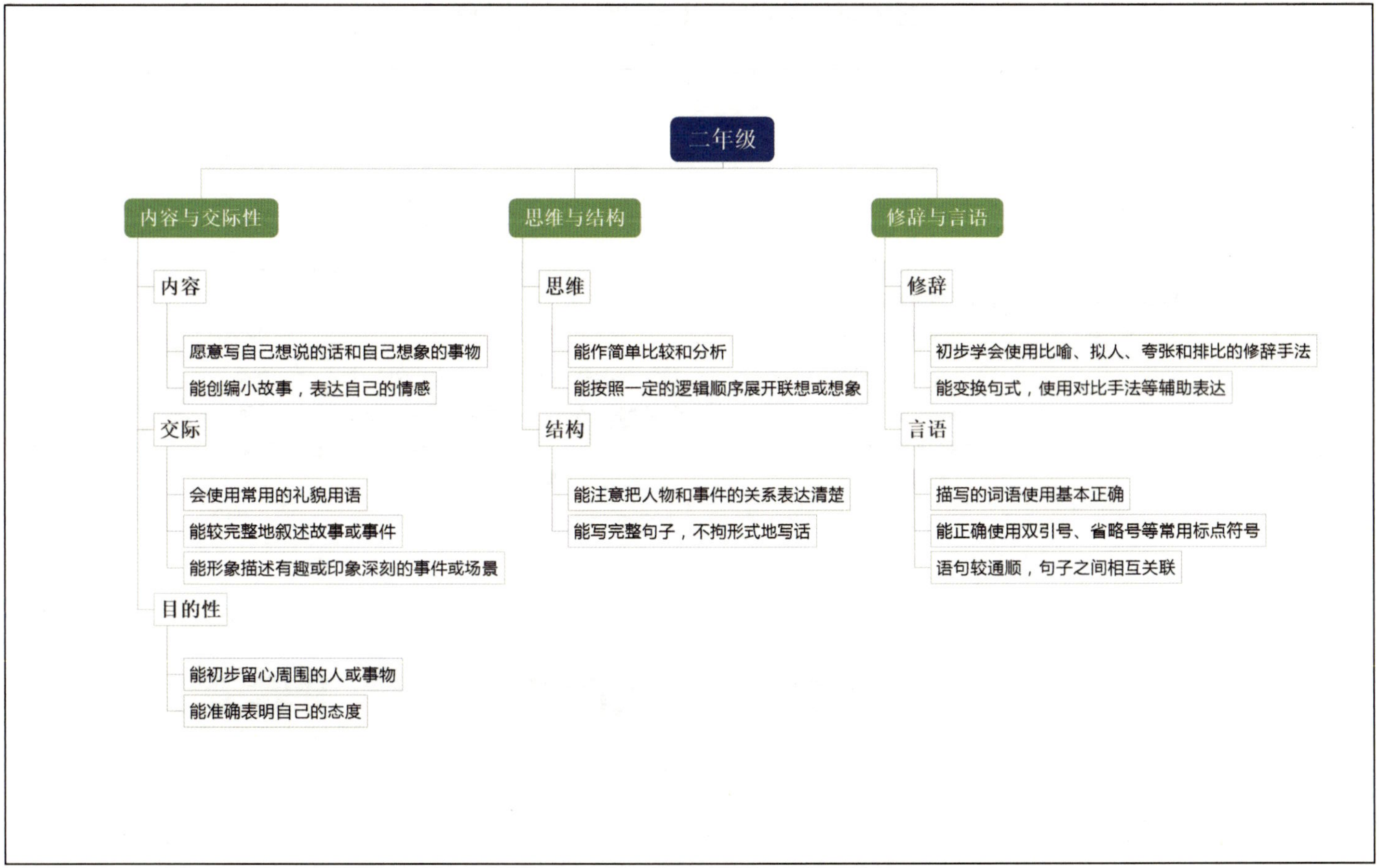

图 4-3-1 《1~7 星级写作水平标准》二年级树形图

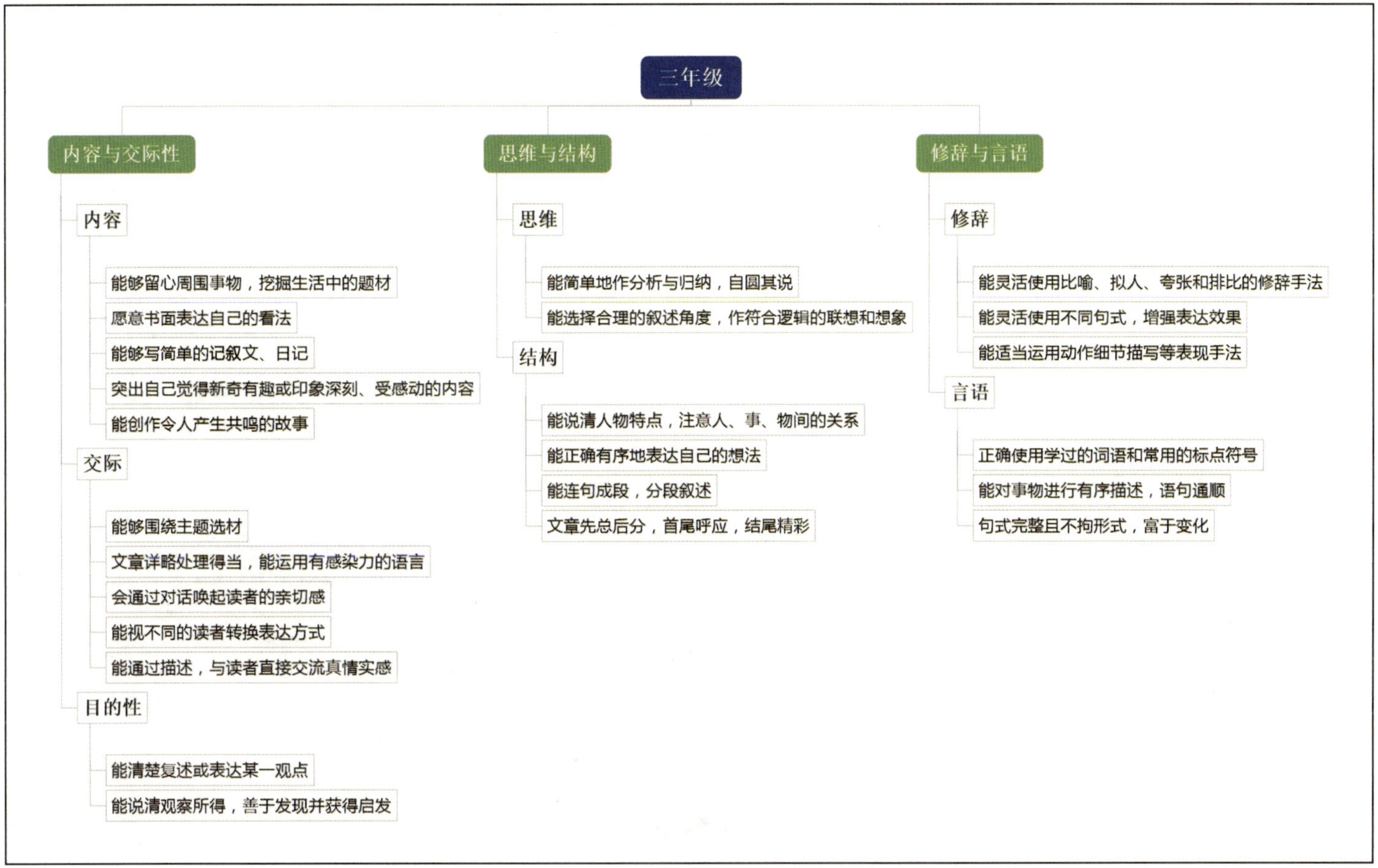

图 4-3-1 《1~7 星级写作水平标准》三年级树形图

图 4-3-1 《1~7 星级写作水平标准》四年级树形图

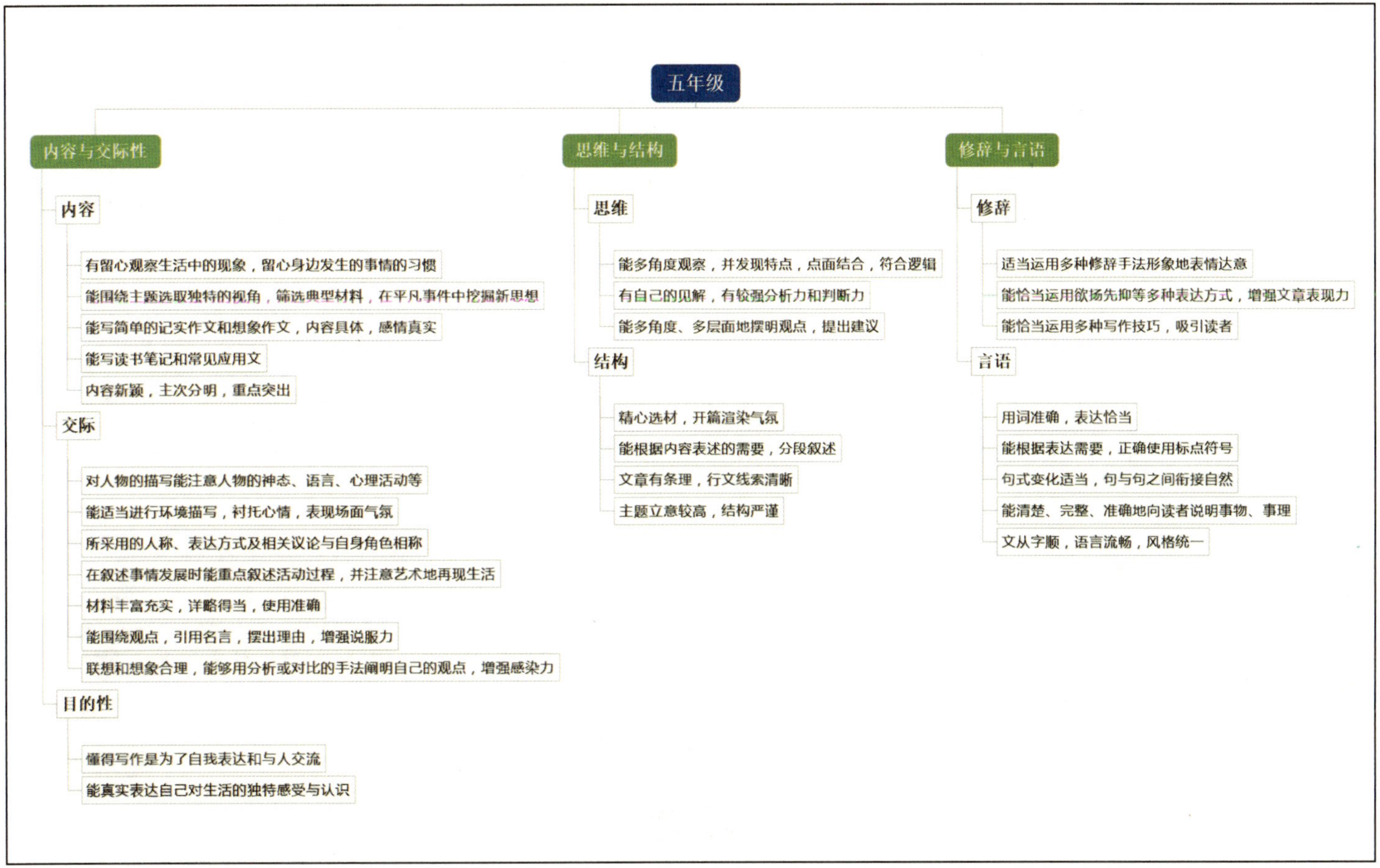

图 4-3-1 《1~7 星级写作水平标准》五年级树形图

图 4-3-1 《1~7 星级写作水平标准》六年级树形图

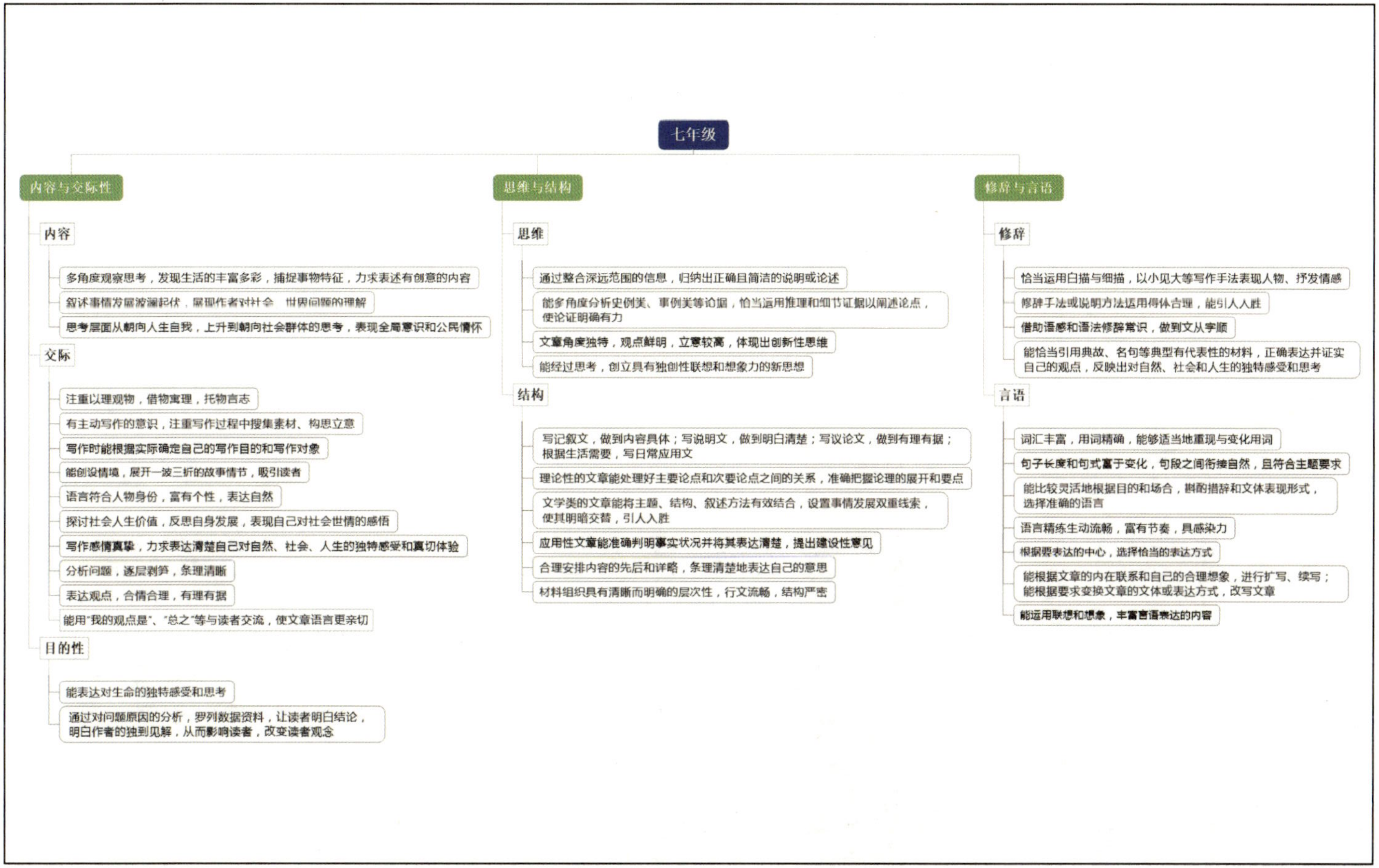

图 4-3-1 《1~7 星级写作水平标准》七年级树形图

（2）自主学习，按需分类设计与开发课程

基于上述学生自主学习的学情和课程目标，笔者以已经正式出版的“天生会表达：江老师的阅读写作课”系列丛书为课程内容，运用多媒体技术和手段，构建了 90 节集科学性与趣味性于一体的阅读写作微课。其中，78 节课作为学生学习资源，12 节课是教师专用资源，主要包括部编教材的结构、各册教材教学重难点、教材教学总体要求、“导图导学”微课范例赏析、相关教学拓展建议等五个部分。具体的课程内容如表 4-1 和图 4-3-2，课程教学视频如图 4-3-3。

表 4-1 “天生会表达：江老师的阅读写作课”线上课程学生学习资源

年级	字词学习系列	句子学习系列	文段学习系列	篇章学习系列	思考感悟系列	思维提升系列
一年级	学组词 巧用反义词 识叠词 巧用量词	学说完整句 学人称 学用逗号和句号	学写对话 说感受			
二年级		学会提问 学用问号 学用感叹号 有序叙述 学比喻 学拟人 学排比	学联想 学夸张 说话有礼貌	学对比 展开想象		

（续表）

年级	字词学习系列	句子学习系列	文段学习系列	篇章学习系列	思考感悟系列	思维提升系列
三年级			动作描写 发现别人的优点 学写结尾	有序叙述 学审题 记事顺序 识结构 学布局 抓事例写人物 时空顺序 写景状物顺序 学复述 学会发现		
四年级			开门见山 动作细节 说明方法 承上启下 学过渡	学写信 表达情感 仔细观察 描写小动物 故意问一问 变化之美	摆观点 说看法 成长足迹	
五年级			自然环境描写 场面描写 侧面描写 开篇渲染气氛 神态描写 语言描写	欲扬先抑 写作立意 行文有线索 学写心理 借景抒情		
六年级			学写心理 肖像描写	环境描写 动静结合 学写游记 介绍民俗	虚实描写 学写启事 学写感受	撰写科技小论文 借物喻理
七年级				白描和细描 一波三折	引用典故和名句 写作角度	以小见大 托物言志

图 4-3-2 “天生会表达”线上课程的教师专用资源

图 4-3-3 “天生会表达”线上课程的教学成品（剪段）

2. 基于自主学习的混合式教学应用：以《描写小动物》为例

基于“天生会表达”线上课程中的《描写小动物》单元内容，在线教学方式分析模型和实施在线翻转教学的应对策略，设计了混合式教学和翻转课堂等理念指导下的《描写小动物》的混合式教学方案。该方案根据“提升学生阅读素养”这一育人目标确定了课中混合式教学主应用流程，课前自主预习、课后拓展提升辅应用流程，各自对应着一系列教学子环节，共同构成了基于自主学习情境的混合式教学应用过程并选择了本校一个班的学生进行了教学实践。

（1）教学目标和资源准备

本次单元教学目标是：

①知识与技能：学习《描写小动物》写作主题单元，阅读《猫》《母鸡》《白鹅》和《白公鹅》，运用思维导图直观地认识从多方面描写小动物的写作思路和写作表现手法。

②过程与方法：通过导图导学和线上线下教学，帮助学生借助思维导图进行高效阅读，直观迁移阅读所学到的自己在写作构思中按导图完成习作的方法。

③情感态度与价值观：通过思维导图，学生联系生活实际，根据情境需要，从多个方面对小动物进行介绍，表达自己的真情实感，以提高阅读和写作能力。

为更好地达成教学目标，需要师生准备以下三种资源：《描写小动物》的学案和微课；教学环境：线上平台，主要是“华南师大附小－江伟英名师工作室：智慧云课堂”、QQ、微信等，线下学习要准备学生自主学习的环境；导图工具的选择：主要在学案上完成导图的绘制，因为手绘导图更能吸引学生的兴趣与注意力。

（2）课前自主预习：思维导图指引高效阅读

课前，教师根据选定的《描写小动物》课程内容，结合《描写小动物》教学微课，设计课前预习任务单：绘制阅读导图。随后，教师利用QQ、微信等社交软件推送《描写小动物》微课、学案、任务单。接着，组织学生进行线下学习，根据《描写小动物》学案绘制阅读导图。在此基础上，组织学生进行微课自学，预习单元课文，初步领悟文章主题和写作脉络。下面是《描写小动物》学习任务单。

表 4-2 《描写小动物》学习任务单

学前须知	同学们，大家好！下周我们将继续进行线上教学。本次教学的主题是“描写小动物”，是在“初步体会课文表达的思想感情”的基础上，强调不仅要体会文章所表达的情感，还要关注作家是如何表达的，需要学会如何从多个方面介绍一种小动物。为了获得更好的线上教学效果，请在课前认真完成该学习任务单。
学习资源	《描写小动物》学案、微课、学习任务单。
任务一	请同学们结合《描写小动物》学案，完成阅读短文的导图绘制。
任务二	结合自己所绘的阅读导图，进行微课自学，之后按写作要求画写作导图。
任务三	用导图整理学习笔记，并于周日前通过 QQ、微信群提交写作导图及学习困惑。获得教师指导或者同学的修改建议后，完善导图，并完成习作。

【环节 1】绘制阅读导图。学生在接收学习资源后，根据任务单的指引进行课前预习，完成阅读导图的绘制。

【环节 2】优化单元教学方案。教师结合学生课前预习及阅读导图的绘制情况和学习困惑，充分掌握学情。在此基础上，教师结合学科核心素养目标，对《描写小动物》进行单元化设计，组织学生自学微课，完善导图，以实现以学定教、高效阅读的目的。下面是《描写小动物》这个单元中，学生阅读《白公鹅》后绘制的个性化阅读导图，以及教师的点评（见表 4-3）。从导图来看，学生已经能够熟练利用思维导图将自己对课文的理解进行知识的可视化，对阅读短文有了更深的理解。

表 4-3 学生阅读导图和教师点评

学生导图	教师点评
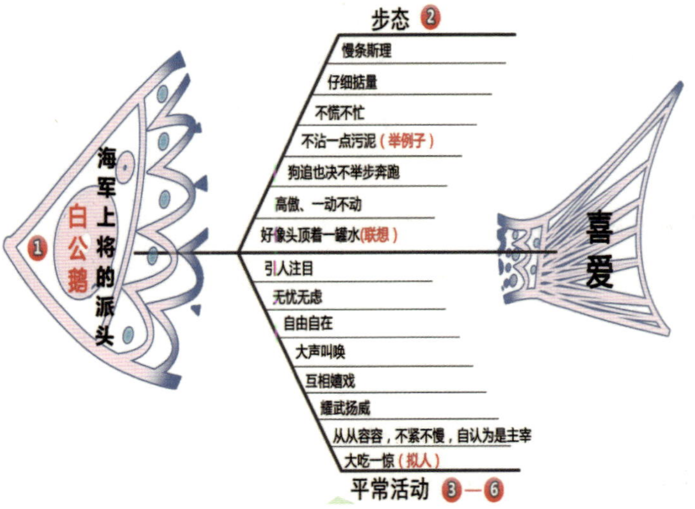	这名学生应用鱼骨图理性分析了《白公鹅》这一课的结构，直观呈现了课文中白公鹅的步态和平时活动，写出了白公鹅有海军上将的派头这一特点。以鱼骨图来直观分享交流对课文的理解，学生学起来更积极主动有兴趣，记忆更牢固。
	这名学生画的阅读导图，体现了课文以对白公鹅的描写贯穿全文的特点，画出了课文的线索，直观地呈现了学生对课文词句的理解，记录了学生学习课文、品词品句时的丰富想象。

（3）课中混合式教学：师生合力促进高效写作

首先，教师通过在线直播，引导学生在线上利用思维导图完成高效阅读理解。其次，教师组织学生在线下画导图进行写作构思。再次，教师通过QQ、微信等社交软件进行线上互动，以帮助学生获得习作导图反馈意见，并组织学生完善导图。最后，组织学生完成写作，进一步提升阅读素养。

【环节 1】答疑解惑，讲解阅读短文。教师针对学生课前绘制的导图，进行在线小组展示，组织学生进行小组导图交流，并围绕学习困惑进行讨论。接着，针对其余难以解决的问题进行指引和解答。最后，结合微课、阅读导图，讲解阅读短文，把握文章主题和写作思路，掌握阅读短文中的精词妙句，储备习作素材。

【环节 2】手绘导图，构思作文。教师组织学生借助导图从生活中零散的记忆和情感中，提取所需的写作素材，并引导学生在手绘写作导图的过程中，借助思维导图触类旁通，迁移本单元中所学的写作知识，帮助学生进行个性化的布局谋篇，构思富有个性的作文。接着，教师通过 QQ、微信等社交软件与学生进行线上交流，以便教师在学生下笔写作前，了解学生的想法，及时点拨，指导修改写作导图。此外，还利用 QQ、微信的群相册、群空间等功能展示学生的写作导图。

【环节 3】完善导图，按图撰文。教师借助 QQ、微信与学生进行在线交流，指导学生绘制习作导图，并组织学生按照线上互动交流获得的修改意见和建议，按需增删内容，完善导图；再按导图指引完成习作的撰写，以求早发现不足、早修正完善，让学生实现下笔之时已胸有成竹，充满写作的信心。图 4-3-4 和图 4-3-5 是学生根据教师的修改意见，补充完善的写作导图。从学生绘制的写作导图来看，学生已经学会了利用思维导图直观构思从几个方面对小动物进行具体描写，将阅读中学到的写作方法和构思技巧，灵活运用到写作中。

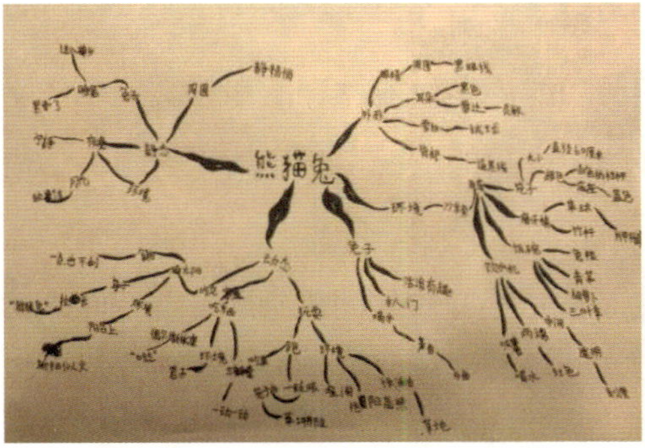

图 4-3-4 《熊猫兔》学生修改后的习作导图

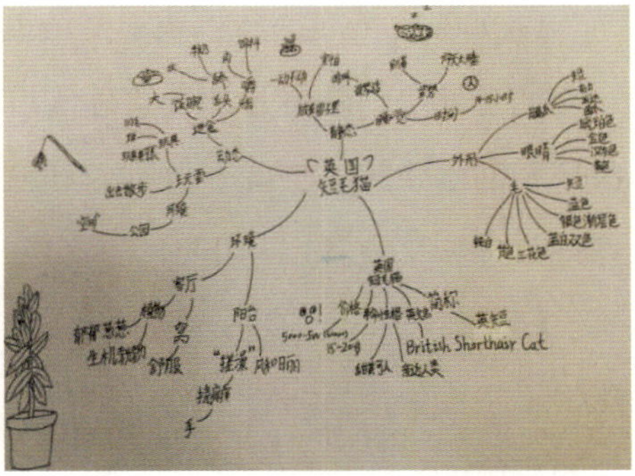

图 4-3-5 《英国短毛猫》学生修改后的习作导图

【环节 4】教师指导，优化作文。教师根据四星级写作水平标准，通过 QQ、微信对作文进行客观评价、适当指导，并组织学生按照反馈意见优化作文，以此实现以评促学，提高学生的写作能力，提升学生的阅读素养。表 4-4 是学生完成的习作以及教师指导意见。

表 4-4 学生的作文以及教师指导意见

学生的作文	教师指导意见
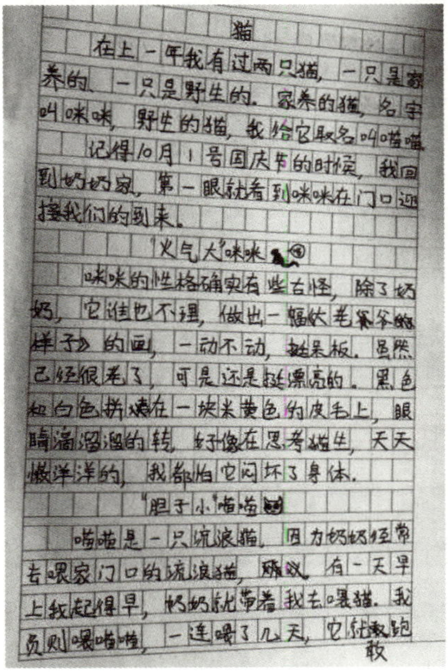 猫 在上一年我有过两只猫，一只是家养的，一只是野生的。家养的猫，名字叫咪咪，野生的猫，我给它取名叫喵喵。 记得10月1号国庆节的时候，我回到奶奶家，第一眼就看到咪咪在门口迎接我们的到来。 "火气大"咪咪 咪咪的性格确实有些古怪，除了奶奶，它谁也不理，做出一幅妖老爷爷的样子》的画，一动不动，很呆板。虽然已经很老了，可是还是挺漂亮的。黑色和白色拼凑在一块米黄色的皮毛上，眼睛滴溜溜的转，好像在思考猫生，天天懒洋洋的，我都怕它闷坏了身体。 "胆子小"喵喵 喵喵是一只流浪猫，因为奶奶经常去喂家门口的流浪猫，所以，有一天早上我起得早，奶奶就带着我去喂猫。我负则喂喵喵，一连喂了几天，它就敢跑	这名同学用“小标题”法直接写出了小动物的特点，赞一个。其中的句子“好像在思考猫生”，仿写得真好。 “火气大”咪咪，建议写一个具体事例来证明它的火气大。 “胆子小”喵喵，建议先写喵喵胆子小，再写它和“我”亲近，写出猫和“我”感情变化的过程。 可以继续学习冯骥才的文章《珍珠鸟》的写法。 还要注意错别字：懒、喂、负责等。

（4）课后拓展提升：线上交流助力思维品质提升

通过 QQ、微信等社交软件的群相册功能为学生提供导图和作文展示的平台，帮助学生进行交流、互动，建立在师生分离的情况下学生的学习自信，培养其分享和交流意识。

【环节 1】成果展示。教师利用 QQ、微信社交软件的群相册、群空间等功能给学生提供展示导图和作文的平台，帮助学生正确建立在师生分离情况下习作的自信。

【环节 2】交流心得。图 4-3-6 是学生对基于思维导图的阅读和写作教学效果的反响。基于思维导图的阅读和写作教学，成功调动了学生的学习积极性，使其在绘制导图、按图撰文的过程中，掌握了阅读和写作的方法，促进了学生间的学习交流和良性竞争，在一定程度上提高了学生的阅读和写作的能力，提升了学生的思维品质。

黄星江：
我很喜欢吴老师的语文课，课件准备得很好，声音好听。

李君贤：
在吴老师与班级同学使用腾讯会议上语文课时，吴老师的声音很清晰，画面也很清晰。吴老师留的课后题很有趣，我们做的一些课后题如果写得好，吴老师就会把那些答案记录在一个文档里，这大大地激发了我对语文学习的兴趣。

黄加乔：
我很喜欢听吴老师上语文课，内容很有条理，讲解很生动，点评作业好的差的都让我们很有收获，还一次次带着我们做思维导图，吴老师讲课的声音也很好听。

黄一宸：
我非常喜欢吴老师的课，非常有趣。老师的声音很好听，作业留的适中，既可以很好地复习到知识，又不会让我们很累，每次语文作业我都非常认真思考。我一定会努力学习好语文。

图 4-3-6　学生对基于思维导图的阅读和写作教学效果的反响

3.“天生会表达”线上课程的教学创新与反思

（1）混合式教学成效显著，学生参与度、阅读素养有了极大的提升

“天生会表达”线上课程的混合式教学有效连接了线上教学和线下学习，发现大部分学生能够完成视频课程的学习，并且能够利用导图完成阅读和写作，提高了学生自主学习的积极性，提升了学生的阅读素养，解决了师生不能

见面的难题，也降低了长时间线上教学给学生带来的保护视力难的问题。

（2）在线赋能，破解学生自主学习之困

“天生会表达”线上课程，教师仅需要通过思维导图和在线教学，就可以助力学生自主学习，体现了使用成本低、学习功效高的特点。本课程充分借鉴了视角图文效果对学生注意力的重要影响，利用思维导图导出学生的阅读潜能，促进学生的高效阅读。教师结合写作导图和以读促写的形式，帮助学生将阅读中的精词妙句迁移到写作导图中，丰富写作素材、写作方法等，提升学生的思维品质和自主学习效率。

（3）线上教学有待多方协同，阅读和写作的评价有待量化

在“天生会表达”线上课程的实践教学中，发现了以下两方面的问题需要改进：

①“天生会表达”线上课程教学成效显著，但仍需家长进行监督。未来，“天生会表达”进行师生混合式教学应用流程的同时，增加家长指导下的亲子互动式学习比例，弥补学生自主学习时教师指导不足的短板，同时也可使得家长直观地查看学生的学习进度，最终实现学习效率和学习质量的双提高。

②本单元教学的评价主要是基于学习结果的质性评价，对如何量化学生学习过程评价的关注度不够。未来结合星级写作水平标准，制定相应的量表，通过大数据支持的智慧课堂教学环境，多方位采集学生的阅读和写作数据，以求客观地、全面地评价学生的阅读和写作情况，并最终实现以评促学、以教促学。

第五章
重思维培养　成就智慧学生

对学生而言，思维培养是一线教学名师都在关注的焦点。导图作为一种易操作、可上手的图形化工具，为学生打开了思维可视之窗，但如何引导学生逐步形成高阶思维呢？本章将从学科知识和人格发展两方面论述导图如何促进思维培养，又如何内化和同化。

一、既学习知识，又训练思维

课堂不仅要以教会学生知识为目标，更要以学生掌握学习方法、提高学习能力、发展思维为目标。学生学知识的同时，要提升思维品质。

思维训练不是外加的，不是几句口号，几个必答题，几组必须完成的练习，而是与学习同步的，是与知识学习无缝连接、水乳交融的。它是需要应用思维工具的，而且所用的思维工具可以是有趣的、形式多样的导图。

这里说的思维品质，实质是人的思维的个性特征。思维品质反映了每个个体智力或思维水平的差异，主要包括深刻性、灵活性、独创性、批判性、敏捷性和系统性六个方面。

优秀的思维品质来源于优秀的逻辑思维能力。我们可以在学习过程中同步进行逻辑思维训练，在逻辑思维训练中提升思维品质。

1. 训练思维的深刻性

应用导图可以训练和提高学生思维活动的抽象程度和逻辑水平，使学生在感性材料的基础上，直观地产生由此及彼的深入思考并概括归纳，抓住事物的本质和规律，形成抽象理性的认识，增强思维的深刻性。

例如，一年级学生学习《小猴子下山》。

我们可以利用思维导图对《小猴子下山》一文的内容与结构进行直观呈现，清晰展示围绕“小猴子下山”的中心主题。小猴子先经过玉米地，掰又大又多的玉米；随后看到桃树，扔了玉米摘又大又红的桃子；再到西瓜地，看到又大又圆的西瓜，扔了桃子去摘西瓜；最后到树林，看到可爱的兔子，扔了西瓜去追兔子……然而，兔子没追到，自己最终什么都没得到，失望地空着手回家。这一系列主要事件，说明小猴子因为做事情没有明确的目标，做事半途而废的道理。这样，学生既能轻松读懂故事内容，又能锻炼概括归纳的能力，深化理解和感悟的能力。

图 5-1-1 《小猴子下山》思维导图

例如，学习课文《动物王国》。

三沙小学的黎梓钧同学围绕《动物王国》，基于线性模式图，绘制了 13 种意象，并通过提取关键词句作为思维导图要素，标注数字序号代表通知开会时动物表态的顺序，清楚明了地呈现了小动物开会前发布通知的内容。导图既呈现出对不同小动物的细节刻画，还直观呈现了开会通知应该如何表述才完整的关键要点。

图 5-1-2 《动物王国》线性模式图

例如，学习课文《给予树》。

棒棒糖形导图，呈现了小学语文课文《给予树》的故事脉络。该导图由中心主题单线出发，以图文并茂的方式向我们展现了文章的重要节点，读者跟随导图的脉络去体会故事的起起伏伏。《给予树》的小主人公金吉娅拿着仅有的 20 美元为大家买圣诞节礼物，而最终买回来的却是用 50 美分一买一大把的棒棒糖，经过询问才得知金吉娅为一个救助站的小女孩买了一个洋娃娃。整个导图不但厘清了故事脉络，还将“妈妈”的观察、心理变化和行为以图文并茂的形式呈现出来，从而让我们能深刻体会金吉娅的善良品质。

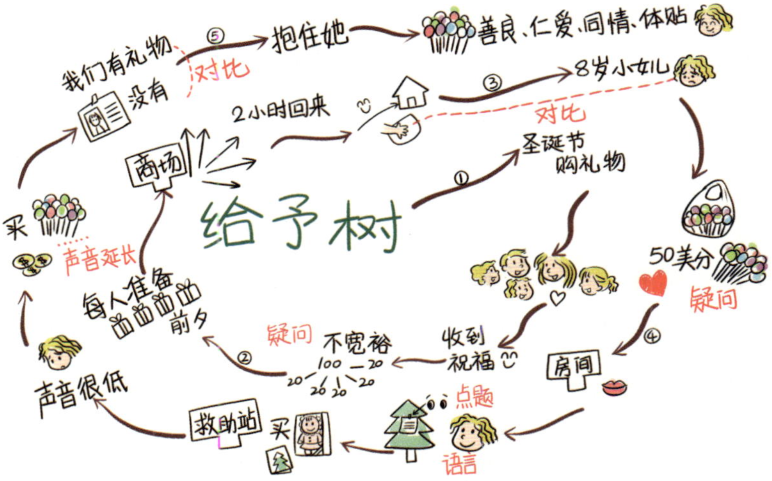

图 5-1-3 《给予树》棒棒糖形导图

棒棒糖形导图是一种可以呈现故事结构与脉络的导图形式，下面这幅棒棒糖形导图由中心主题“画杨桃”出发，通过单线延伸讲述了一名教师在图画课上指导学生画杨桃的过程中发生的故事。通过画棒棒糖形导图来梳理故事脉络，绘图者将会对文章结构有更清晰的掌握，从而对文章的中心思想“从不同角度出发，我们会看到不同的景象”有更深刻的感悟，而完成导图的过程也是提高逻辑思维能力的过程。

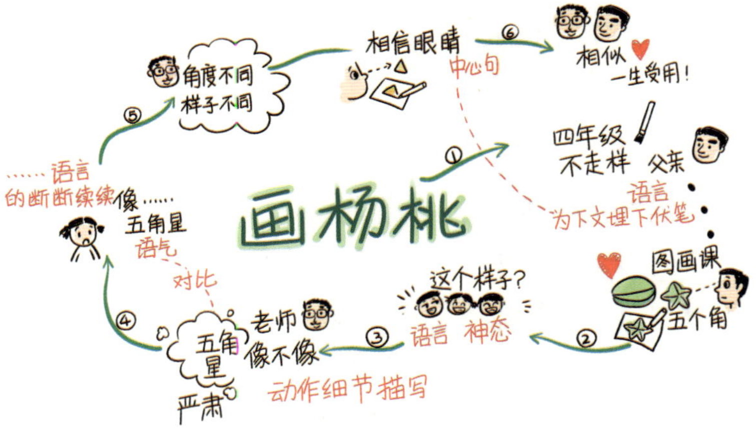

图 5-1-4 《画杨桃》棒棒糖形导图

例如，应用树形图对文章内容进行分组归纳，下面这幅树形图就通过对《难忘的泼水节》一文进行分组从而将整篇文章分为三部分：第 1~3 段“准备迎接总理”部分，对傣族人民迎接周总理的热闹场景进行了不同角度的描绘；第 4 段“周总理来了”部分，对周总理的“衣着”与“动作”进行了描绘；第 5~8 段“开始泼水”部分，描绘了周总理与傣族人民欢度泼水节的难忘时刻。这三部分通过描写“傣族人民的热情”“周总理的入乡随俗”以及“傣族人民与周总理互相泼水祝福”表现出周总理深受人民的爱戴。学生通过树形图对文章进行深入分析，深刻理解，提高归纳整理的能力。

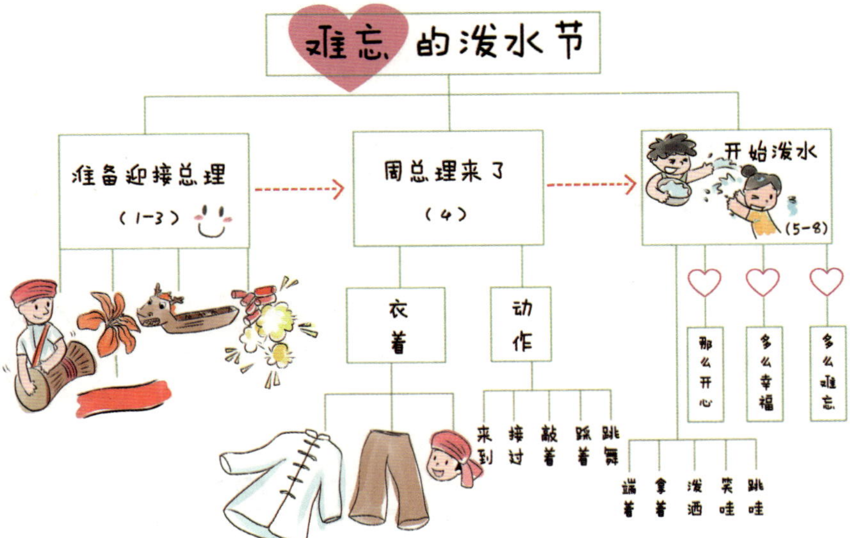

图 5-1-5 《难忘的泼水节》树形图

又如，学习课文《我的伯父鲁迅先生》。

宁波市士康学校徐老师通过鱼骨图分析了《我的伯父鲁迅先生》一文。在导图中，徐老师通过简简单单的概括，连同几道鱼骨线条向我们呈现了一个事件：对于鲁迅先生的逝世，各行各业都在祭典与哀悼。基于此，徐老师通过对“谈《水浒传》”“笑谈碰壁”“救助车夫”“关心女佣阿三”等细节描述的分析，揭示鲁迅先生为自己想得少、为别人想得多的品质，帮助学生直观地抓住文章的主旨。

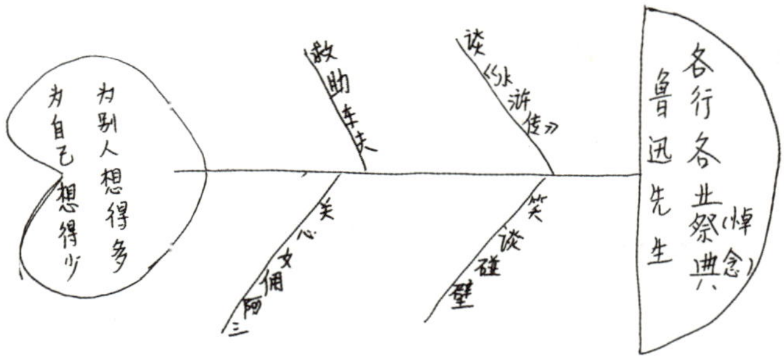

图 5-1-6 《我的伯父鲁迅先生》鱼骨图

再如，《荷塘月色》。

连州市连州中学覃老师应用鱼骨图对《荷塘月色》的文章结构进行直观分析：以文章题目“荷塘月色”开始，通过关键词的提取，如串珠连线一般，将文章的结构、意象等巧妙地呈现在一幅鱼骨图中，帮助学生直观认识《荷塘月色》这一篇散文的感情线索，体会作者复杂的感情；直观分析鉴赏情景交融的意境；深入揣摩文中优美的艺术语言，直观认识文中巧妙运用比喻、通感等修辞手法，精心选用动词、叠词等的表达技巧，最终发掘出文章通过景物热闹反衬出作者内心的不宁静。

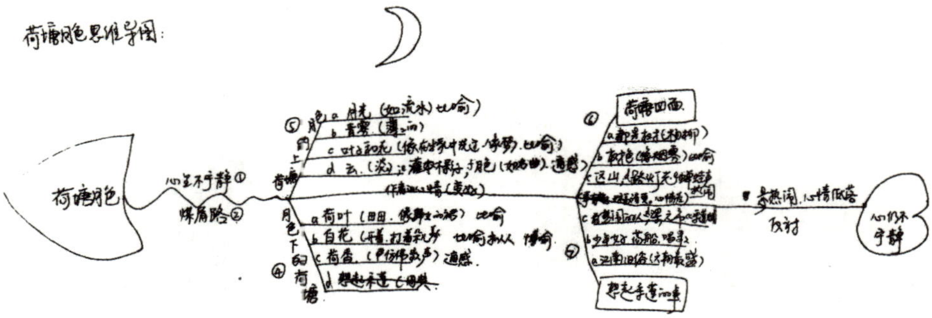

图 5-1-7 《荷塘月色》鱼骨图

上述例子表明，我们可以通过画课文导图的形式，在语文学习的过程中直观分析理解，无痕植入思维能力的训练。

2. 训练思维的灵活性

应用导图，可以增进学生思维活动的灵活性，使学生时刻具备发散思维，根据不同的问题情境进行合理的知识总结和归纳，以分析和解决问题。下面将从思维起点、思维过程、思维的概括能力和迁移能力等方面论述导图对思维灵活性训练的促进作用。

（1）增进思维起点的灵活性

思维起点的灵活性主要是指可以从不同的点，不同的角度、方向、方面，用多种角度来考虑问题。导图本身具有多元化的图式，每种图式代表一种思维模式，刚好迎合了思维起点的多维性，其合理应用必然能够有效增进思维起点的灵活性。

例如，阅读《青蛙卖泥塘》。教师通过思维导图深入分析了《青蛙卖泥塘》一文：通过思维导图将卖家（青蛙）、泥塘和买家（小动物）有机地连接，同时将买泥塘的小动物对泥塘的感受（好与坏）呈现了出来，在分析导图的过程中培养了学生多视角思考问题的习惯，训练了学生思维的灵活性。

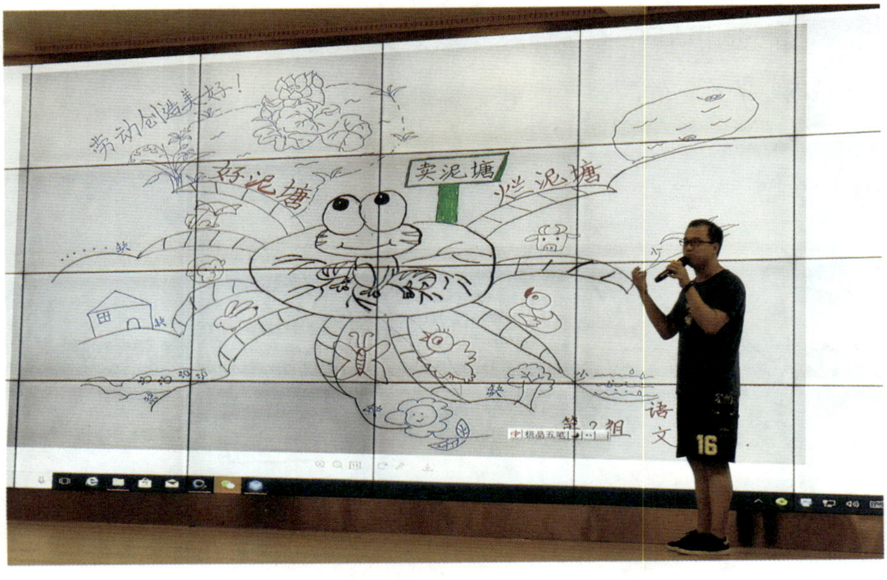

图 5-1-8 《青蛙卖泥塘》思维导图

又如，阅读《小猪变形记》。学生用画单气泡图的方法完成了读书笔记。课文讲述了小猪想要变成其他的动物，并把自己装扮成了他想要变成的动物。导图的中心内容：手绘了一只小猪并配以文字说明，由小猪出发又延伸出五个气泡，这五个气泡中画了小猪想要变成的动物，而每一个气泡又分别连接一个气泡来说明小猪要变成该动物所用到的工具。通过这样归纳整理并动手绘画形成图文并茂的气泡图，学生更清晰地认识到故事的内容结构，加深了对故事内容的印象，发现了各种动物的特点，不但培养了学生的动手能力和归纳整理能力，还学会了在认识事物封要多角度观察，要注重细节。

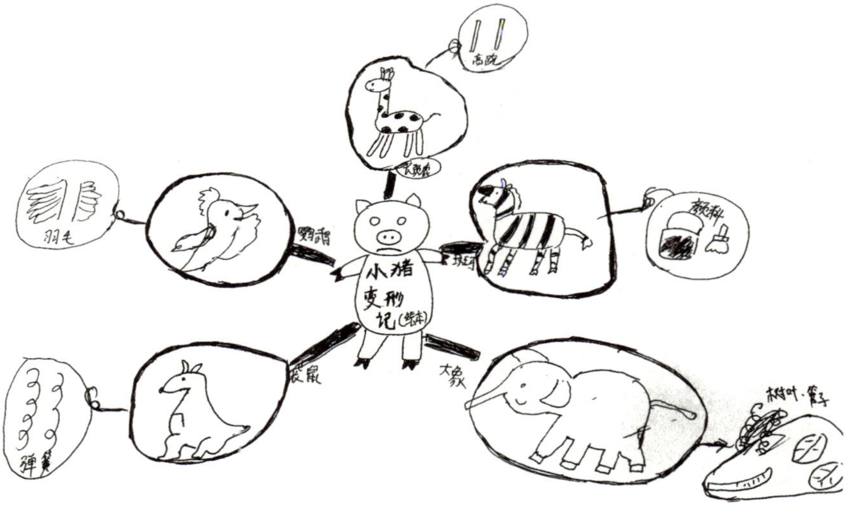

图 5-1-9 《小猪变形记》单气泡图

（2）增强思维过程的灵活性

思维过程的灵活性主要是指解决问题的思路和方式的多样化。导图可以从分析到综合，从综合到分析，全面而灵活地作综合的分析。

例如，一名学生利用思维导图对鲁迅短篇小说《故乡》中的节选《少年闰土》进行深入分析和理解。该学生分别从看瓜刺猹、雪地捕鸟、看跳鱼儿、海边拾贝等事件以及对少年闰土的外貌描述五个方面不断地丰满“少年闰土”这一形象，更是从侧面表现出作者对少年闰土的敬佩和羡慕，以及对这种丰富多彩的农村生活的向往和憧憬，锻炼了学生多视角思考和灵活分析问题的能力。

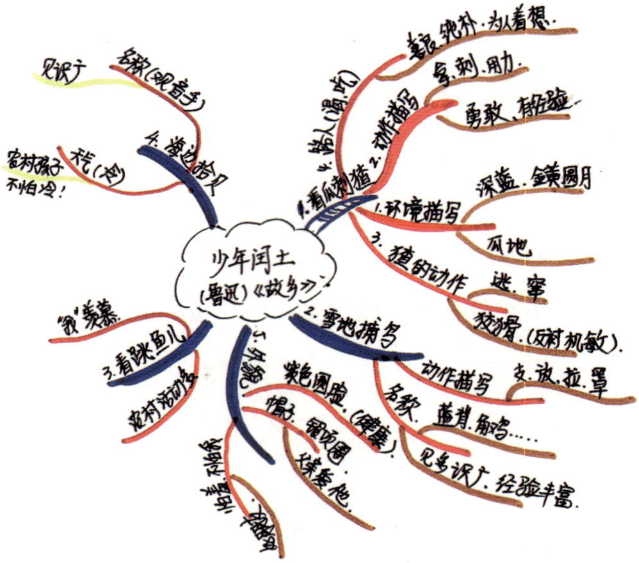

图 5-1-10　《少年闰土》思维导图

（3）增强思维概括能力与迁移能力

思维概括能力与迁移能力是指学生能够直观地迁移和自觉地运用规律，并举一反三，学会从多角度分析和解决问题。

例如，写作构思需要把握好行文的逻辑联系，这是一种思维的基础。我们所学语言文字本身就是思维的符号，是思维的物质外壳。如果语言表达没有思维，那样的表达一定是混乱的。因此，阅读过程中如何理解语言，写作中如何运用好语言以表情达意，首先就要学习其中的“好思维”。画导图，能帮助学生更主动地在阅读中把握不同种类文章的写作风格和特色，认识、理解和记忆各类题材文章的关键要素，习得写作同类文章的方法，从而使学生在写作文时，能更自觉地进行思维导向，以结构化的“好思维”，优化选材的角度，优化文章的构思，升华写作的主题。

例如，借助鱼骨图的直观指引，学生可以从具体文本的学习中，习得同类文章的写作方法，进一步运用这些方法创作出自己的文章。

具体来说，学生应用鱼骨图学习名作家的名篇，如丰子恺的《白鹅》、叶·诺索夫的《白公鹅》、老舍先生的《猫》和《母鸡》，之后，自主探究，直观地发现：高傲的白鹅、性格古怪的猫、慈爱的母鸡……在作家的笔下，一个个小动物活灵活现是因为作家能抓住动物不同方面的特点做具体介绍。

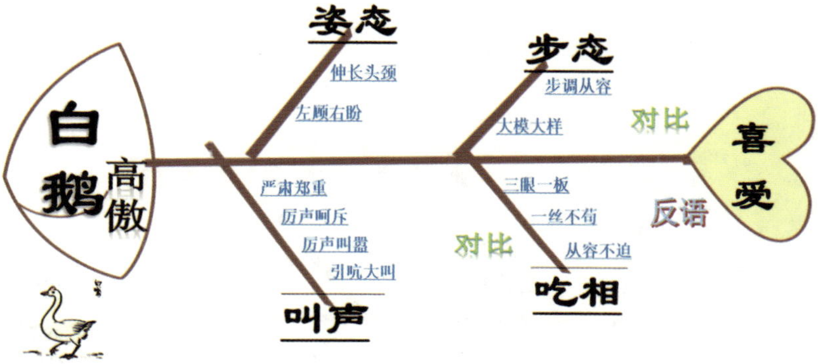

图 5-1-11 《白鹅》鱼骨图

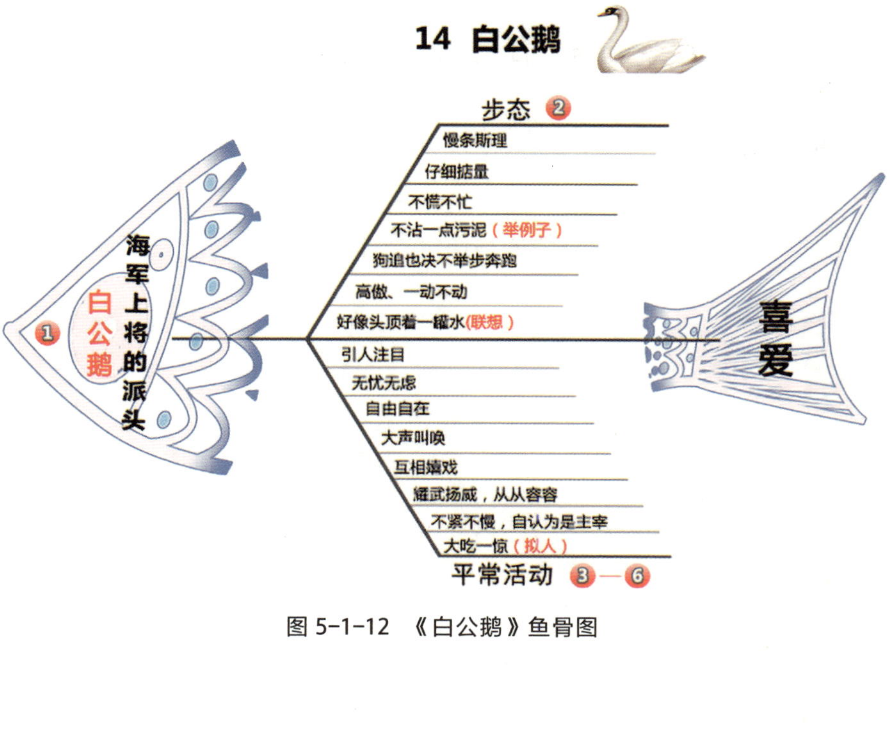

图 5-1-12 《白公鹅》鱼骨图

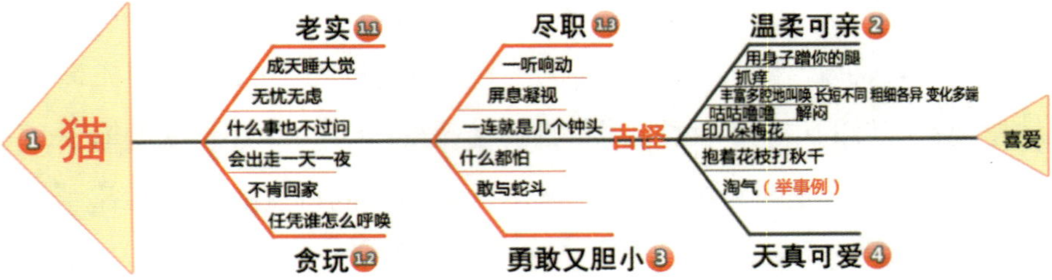

图 5-1-13 《猫》鱼骨图

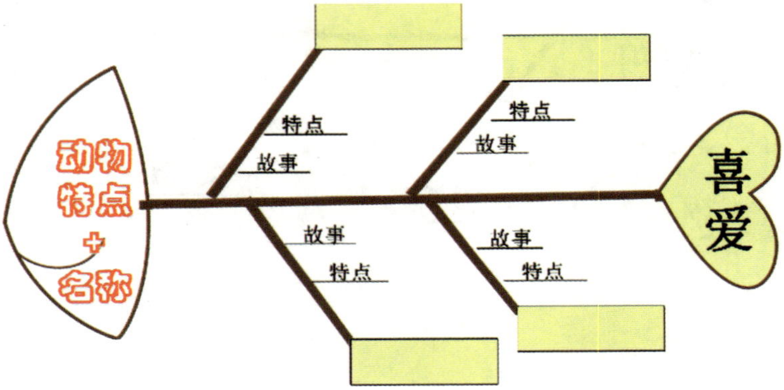

图 5-1-14 写动物文章的鱼骨图

由此，我们可以推出关于写动物文章的鱼骨图，轻松画出自己的写作蓝图。

例如，画出描写一种小动物的写作鱼骨图。

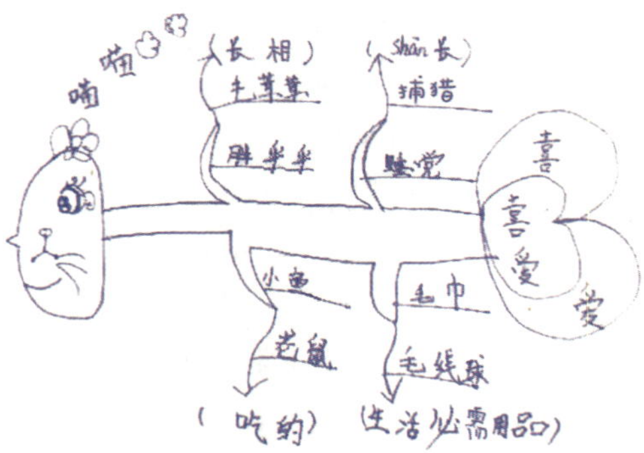

图 5-1-15 《小猫》写作鱼骨图

图 5-1-16 《小兔》写作鱼骨图

其中，黄煜昕同学先画图，再写文章，就能轻松完成写小动物的作文《红龙鱼》。

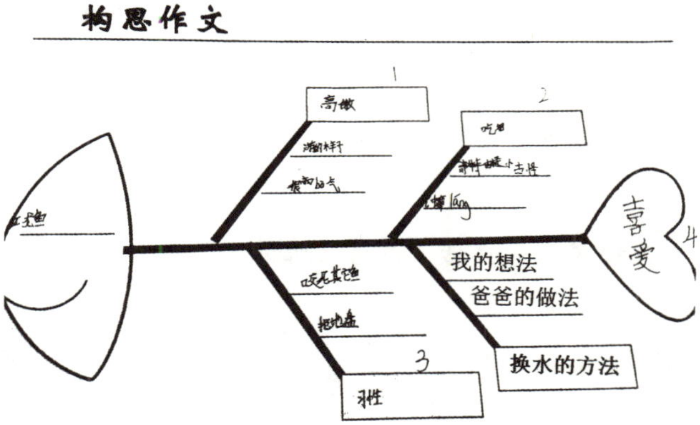

图 5-1-17 《红龙鱼》写作鱼骨图

图 5-1-18 黄煜昕分享《红龙鱼》鱼骨图

我最讨厌我家的红龙鱼。因为它前几天才咬死一条金龙鱼，我那条金龙鱼价值不菲，能买多少盒三国杀、多少本书、多少把玩具枪啊！所以我很恨红龙鱼。

我很恨它，你看它游起来的样子多么霸气。但是，先别看它游起来的样子，还有它的胆子也很大。就说有一次，我爸爸去开鱼灯，刚开灯鱼就从鱼缸里跳了出来，姿势就像水中霸主，好想揍它几拳。

它的吃相很奇葩，与别的鱼不同。如果让它选择吃的东西，它会选择虾和蟑螂，如果要吃虾还要具备以下几点：①要是河虾；②要有一点点冰冻的虾；③要带一点虾壳，没有壳的话它吃一口就吐出来，壳太多的话它吃完后会有不良的反应。

它吃蟑螂时更奇葩。现在卖鱼的市场上会有专门人工养殖的蟑螂，一瓶90多块钱，多坑人！而且红龙鱼吃完蟑螂后会吐出一点杂物，这些杂物会影响水质。

红龙鱼除了对吃的有要求，还要有两样重要的东西相伴，一样是加热棒，另一样是清道夫。加热棒有什么作用？它是用来加热水的，没加热棒红龙鱼会被冻死的。清道夫则是用来清洁鱼缸的。怎么清洁呢？原来清道夫的食物是鱼缸里的青苔。

它一星期要换一次水，水不能全换完，为什么？因为一次换完鱼缸里的水的话鱼容易死。

有一次我在说红龙鱼的坏话，被爸爸听见了。爸爸说："红龙鱼会有抢地盘的观念，所以它会咬别的鱼。"

听完爸爸的详细介绍，我慢慢喜欢上了红龙鱼，更喜欢上了养鱼。因为我喜欢上了鱼特有的性格。

我们还可以借助鱼骨图，触类旁通，学会如何从多个方面具体介绍某个地方。由此，学会写导游词、游记等。通过绘制导图自我导航，帮助完成细节回忆，完整叙述事例，从而进行创作，进行个性化的布局谋篇，保护个人更多的创新想法。

例如，推出指引介绍某个地方的鱼骨图，绘制《神奇的101大楼》鱼骨图并写作。

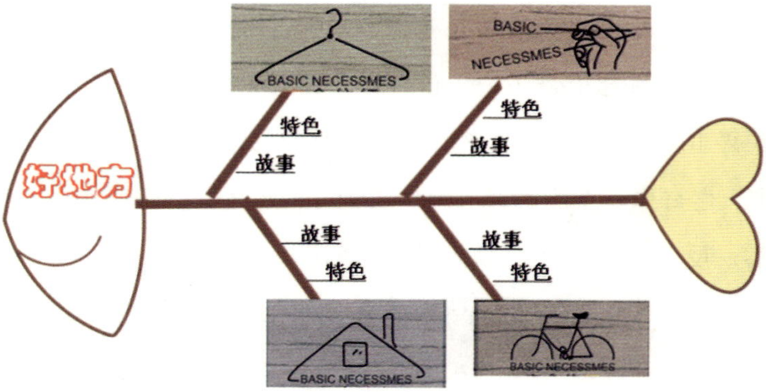

图 5-1-19　介绍某个地方的习作指导鱼骨图

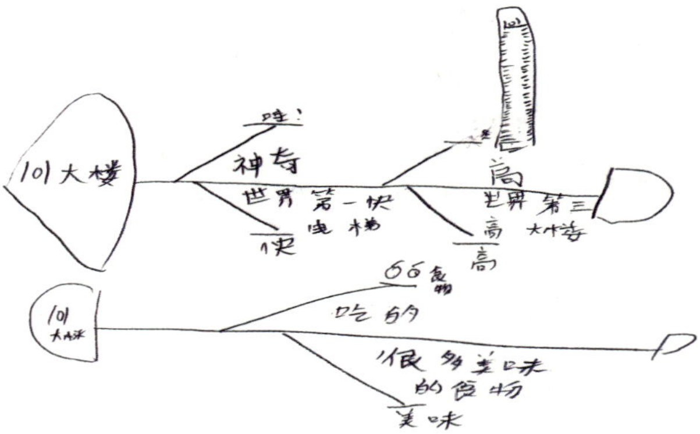

图 5-1-20　《神奇的 101 大楼》写作鱼骨图

101 大楼，它的外观像一个水晶大楼，因为它有 101 层，所以叫它 101 大楼。我认为台湾最好的旅游景点就是 101 大楼。

你们知道它的电梯有多快吗？101 大楼和其他地方不同的是，里面有一个号称世界第一快的电梯，它以 36.7 秒登上 101 层的记录成为当时世界第一快的电梯。而且电梯里有一个屏幕，上面记录着到了多少层，用了多少秒。一到 101 层就会叮咚一声，门就开了，没有看见的人，可真遗憾。游客们，101 大楼的一些楼层，里面可以了解台湾的各个地方，如阿里啦，初绿农场啦，小巨蛋啦……更有趣的是，在 101 大楼里，每个人都要拿一部手机，但这可不是一般的手机，它可以用来介绍台湾的所有景点。游客们，到晚上时，101 大楼更美了，晚上的 101 大楼变得五颜六色的，因为它有很多灯，真好看！它真像台湾的一颗明珠！

还有，晚上 101 大楼旁边的夜市都摆起来了，那里有很多好吃的：大肠包小肠，卤肉饭、大饼包小饼……保证可以让你大饱口福！

你们觉得 101 大楼神奇吗？有世界上最快的电梯、是世界上第三大高楼，有好吃的夜市，它好像一个魔术，有那么多神奇的地方，你们说 101 大楼神奇吧！

由此举一反三，我们还可以借助画鱼骨图，推出写人的文章架构，指引通过多个方面表现一个人的特点、品格，写出作者对这个人的认识或者情感。

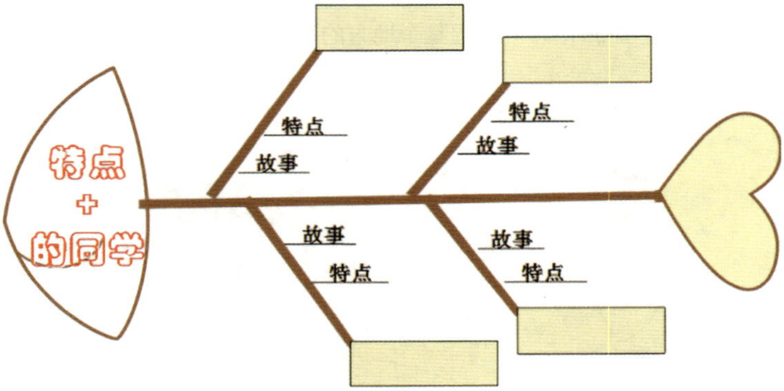

图 5-1-21　写人的习作指导鱼骨图

吴章睿同学通过画鱼骨图构思如何将自己对军人爸爸的感情表达出来。从最开始的想爸爸，到见爸爸，再到爸爸抗洪，最后到爸爸接自己放学，作者选取自己对爸爸的感情变化历程中印象深刻的事件，清晰地标注出自己情感变化的细节，借助画鱼骨图增强了系统整合信息的思维能力。

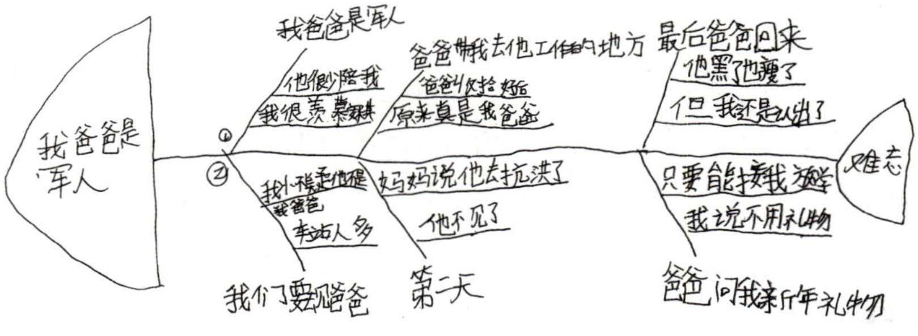

图 5-1-22　《我爸爸是军人》写作鱼骨图

其实，我们还可以借助画鱼骨图，推出写一件事物的文章架构，通过多个方面介绍一件物品；推出写想象文《二十年后回故乡》的文章架构，从多个方面展开想象；推出写回忆录《我的读书经历》的文章架构，指引围绕“读书”这个主题，从多个方面回忆读书的经历、体会和感受；推出写采访录的架构，从多个方面提出采访问题，分类、有序、把握重点记录采访过程；等等。

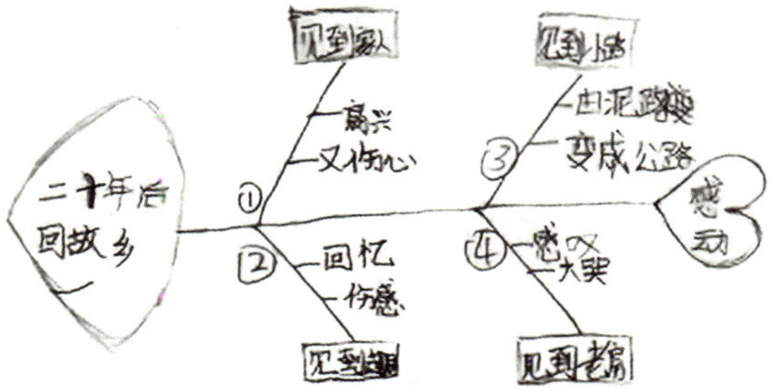

图 5-1-23 《二十年后回故乡》写作鱼骨图

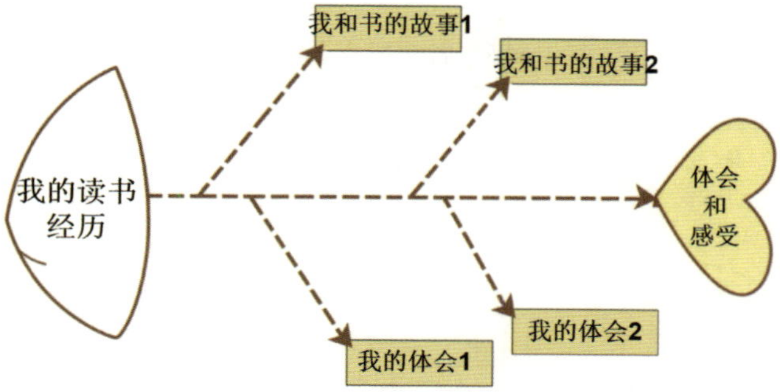

图 5-1-24 《我的读书经历》鱼骨图

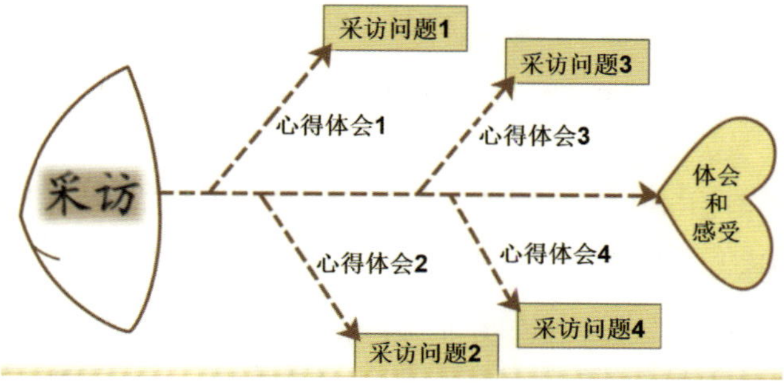

图 5-1-25 《采访框架》鱼骨图

谢诗淇同学利用鱼骨图对《蜗牛读书》的故事进行构思。以“蜗牛读书”为中心主题，以爬得慢、软体、触角、贝壳、预测天气为核心关键词，并配以相应的分析，最终得出主旨——敬佩，体现了她思维的独特性。

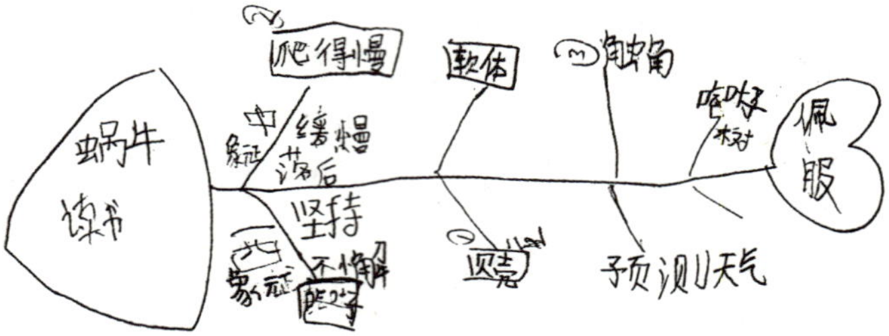

图 5-1-26 《蜗牛读书》写作鱼骨图

另一名同学利用鱼骨图对《削笔刀》的习作进行直观构思。以“削笔刀”为始，从忠诚、好用、美观、耐用等四个特点出发，结合相应的简笔画和关键词支持观点，并最终表达出自己对削笔刀的喜爱，展现了学生系统地迁移学过的知识、经验或想法，发挥出独特创造性的过程。

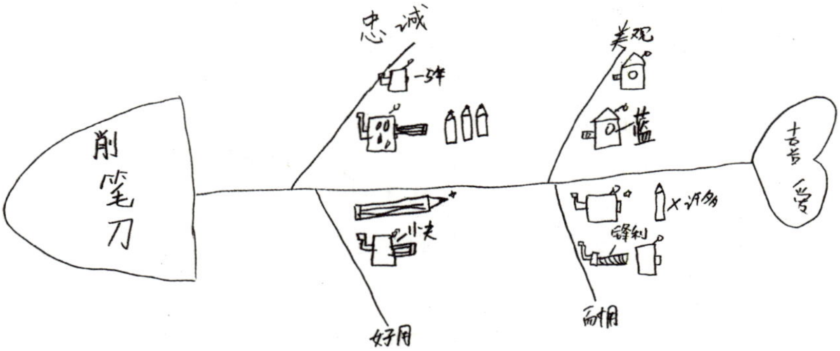

图 5-1-27 《削笔刀》写作鱼骨图

下图是一名学生利用棒棒糖形导图的形式对我们生活中可能会遇到的危险进行分析。学生从“面对危险”这一主题出发，从心理、登革热、风灾、火山爆发、车祸、火灾、地震等多个方面进行思考，通过丰富和形象的图形、图像分析整理生活中可能遇到的各种危险，以及可能造成的影响和后果，体现了学生发现问题并从多种维度思考问题的能力，以及根据自己生活经验和所学知识发挥了自身独特的创造性，锻炼了思维的灵活性和独创性。

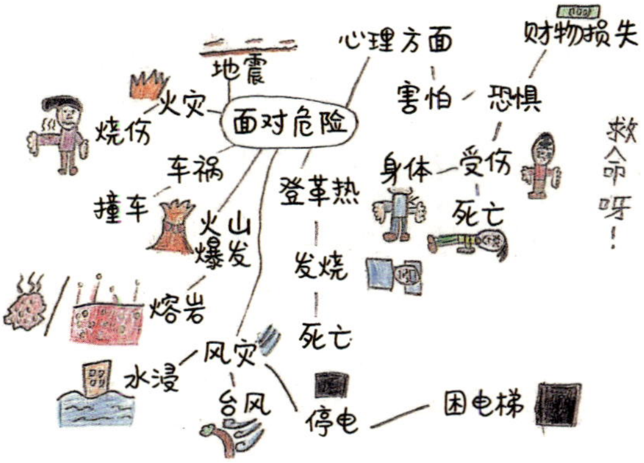

图 5-1-28 《面对危险》思维导图

这些都是思维的转换、学习方法的迁移，是提升概括能力和表达能力的过程，是思维发展的体现。

3. 训练思维的独创性

应用思维导图，可以发展学生思维的创造力，直观地辅助学生迁移学过的知识、经验或想法，发挥出独特的创造性。

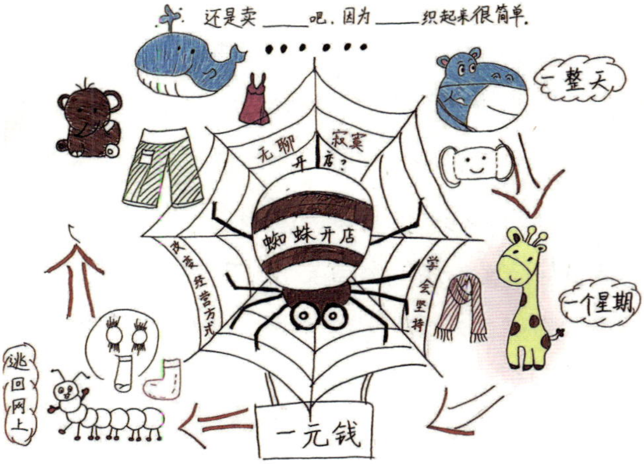

图 5-1-29 《蜘蛛开店》棒棒糖形导图

上面这幅棒棒糖形导图以“蜘蛛开店”为主题线索单线推进，对蜘蛛的整个开店经历进行了描绘。由图可知，蜘蛛因为无聊，所以决定开一个编织店，但每次接到工作任务都觉得非常困难，因此它不断地变换着自己的经营方式以寻求更简单的工作。在导图中，学生对原文进行了故事节点的重现，通过思考来想象蜘蛛有可能选择的其他经营方式，并通过画图呈现出来，在梳理故事的过程中学会“坚持”这一宝贵品质。图文并茂且具有一定开放性的棒棒糖形导图使学生更容易从故事脉络中体会到中心思想，并发挥想象力和创造力对故事进行续写。

图 5-1-30 《小壁虎借尾巴》思维导图

上面这幅思维导图通过图文结合的形式向我们讲述了一只小壁虎被蛇咬断了尾巴之后四处借尾巴的故事。整个思维导图围绕壁虎身体来展开，壁虎的头部呈现了课文的题目，而壁虎每一只脚的部分说明了小壁虎在每一个地方向其他动物借尾巴的过程。图文并茂的思维导图形式可以帮助学生深层次地理解故事，把握故事的节奏与结构，还可提高学生的想象力与创造力。

例如，四年级学生通过发散性思维导图，发挥出自己的写作创意，通过思维导图的线条、关键词和图标，形象地构思了一对好朋友因为书发生的一系列故事：原本是借了书，又还了书，但后来，竟发现书不见了，最后好朋友帮她找到了书。叙事一波三折，体现了小作者独特的情感与创造性。

图 5-1-31 《我看见了那本书》写作思维导图

4. 训练思维的批判性

批判思维是能够对问题、论述、证据等进行辩证思考，判断事物的真伪，把事物的表现和本质区分开，从而发现问题、思考问题并提出或形成自己观点的思维方式。应用导图可以很好地提高学生思维的批判性，使学生懂得独立发现、独立思考，而不是人云亦云。

例如，二年级学生利用韦恩图讲《善有善报，恶有恶报》的故事，调动批判性思维。

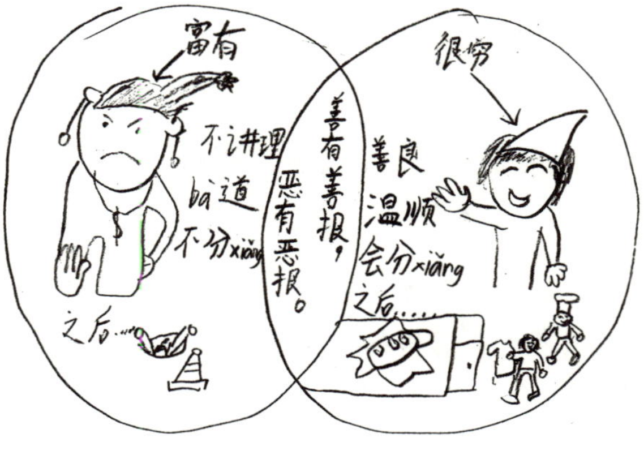

图 5-1-32 《善有善报，恶有恶报》韦恩图

这是二年级学生画韦恩图讲述《善有善报，恶有恶报》的故事。学生通过韦恩图，将贫穷的人的善良、温柔、有分享意识与富人的不讲理、霸道、无分享意识有机地连接在一起，形成鲜明的对比。同时，通过韦恩图，将富人的自食其果和穷人的邻里和睦表现了出来，锻炼了学生的批判性思维。

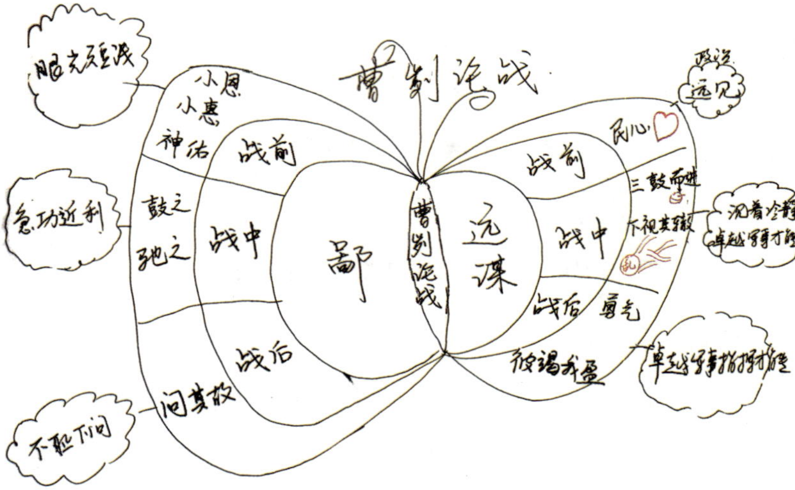

图 5-1-33 《曹刿论战》蝴蝶图

画蝴蝶图，体现了绘图者的批判性思维。

陈老师利用蝴蝶图对《曹刿论战》进行了分析。以课文标题“曹刿论战”为中心，在“肉食者鄙，未能远谋”这个中心句中，提取出贯穿全文的两个关键词，即“鄙”和“远谋”，先揭示“当局者的目光短浅”，为下文曹刿的进谏作铺垫。从而，逐层剥开笋，画成一幅导图，帮助学生理解课文，直观对照，发现问题，直观指引批判性思考和发现解决问题的方式。这对帮助学生形成大局观，学习办事思虑周详很有裨益。

同类的文章，如《我的叔叔于勒》《中国人失掉自信力了吗？》《孤独之旅》《变色龙》和《孔乙己》等也都可以利用蝴蝶图，直观培养学生的批判性思维。

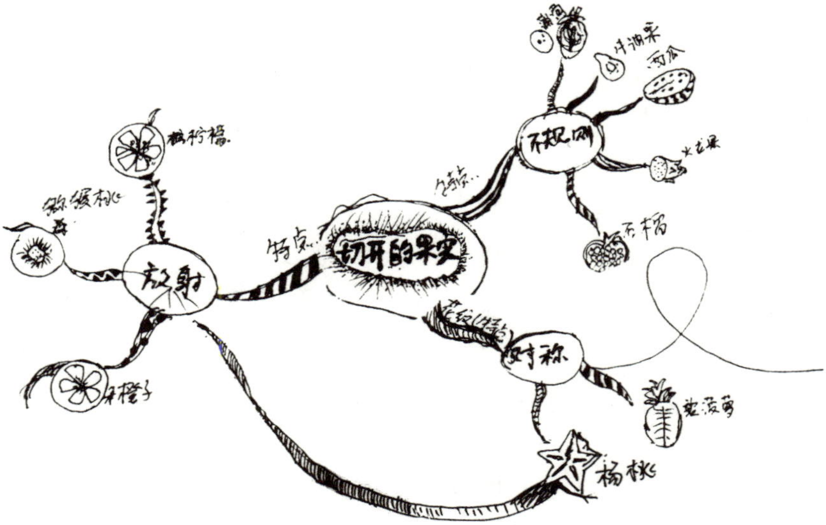

图 5-1-34 《切开的果实》思维导图

上图是运用思维导图对“切开的果实”的特点进行分析和归纳。从生活中各种常见水果切面的形状——不规则、对称状、放射状三个维度对水果进行分析整理和归纳。通过直观图形帮助学生抓住事物本质和规律，锻炼学生深入的审慎的思考能力。

画导图的每个外部动作，都是遵从孩子与生俱来的画图认知、画图记事的天性，应用画图的外部动作辅助思考，直观指引思考的方向，能助力画图者快速适应和熟练掌握批判阅读的思考方式，帮助画图者提高注意力，专心听，用心想，审慎思考，画下印象深、感受深、有意义的内容，有效训练和发展画图者的批判性思维。

5. 训练思维的敏捷性

应用导图，可以增强学生思维的敏捷性，使思维活动的速度更快，在处理问题和解决问题的过程中，能够更快速地适应变化的情况，作出积极考虑，正确判断和迅速地作出决定。

画阅读导图，然后看着导图，简要复述课文；或者画导图，快速构思文章，再按图索骥，轻松写出作文。这些都是思维敏捷性强的表现。

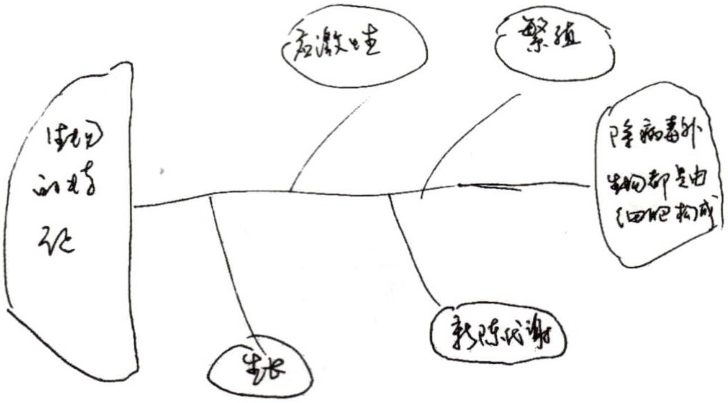

图 5-1-35 《生物的特征》鱼骨图

上图是利用鱼骨图对生物的特征进行介绍，清晰呈现了生物的特征要从生长、应激性、新陈代谢、繁殖等方面进行具体的分析，从而快速得出“除病毒外，生物都是由细胞构成”这一核心的特征，锻炼了学生分析问题和迅速解决问题，归纳得出结论的能力，体现了思维的敏捷性。

可见，导图绘制可以集认识篇章结构，厘清行文的思路线索和学习写作的方法、表现形式于一体，使整个课文的学习过程与思维训练同步生成。

又如，二年级学生课堂汇报，要介绍自己坐过山车的心路历程。

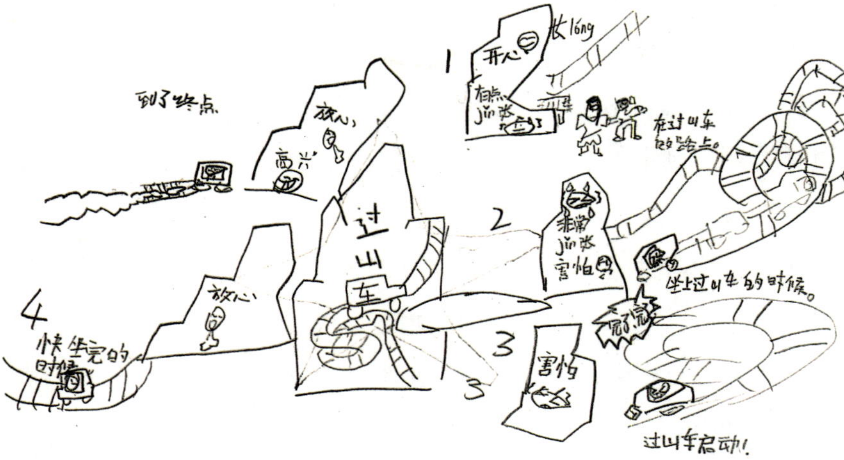

图 5-1-36 《过山车》思维导图

图 5-1-37 学生介绍坐过山车的心路历程

学生先画思维导图，回忆刚坐上过山车、过山车行驶中到过山车到达终点各阶段的心情变化：开心、有点紧张—非常紧张、害怕—害怕—放心—放心、高兴，并一一记入图中。

然后，指示导图，作直观分享。他边向同学介绍，边跟着导图中的“出游路上、坐上过山车体验、下过山车的感受”这条主线，指出当中各种表示自己情感的图标，使整个讲述详略得当，说话思路清晰，条理分明。

由此证明，导图辅助构思，可增强思维的敏捷性，有助于具体介绍、有序表达和完整叙述。

可见，应用导图，可以支持个性化学习，可以启发思维，训练思维的敏捷性。直观交流、讨论过程，仍可不断完善导图，不断激发更多的思考。这个导图的完善过程，其实也是思想升华的过程，是知识点化部分为整体，逐步形成体系的过程，是学生学习能力提高，思维敏捷性得到进一步提升的过程。

6. 训练思维的系统性

应用导图，可以提高学生思维活动的有序程度，以及整合各类不同信息的能力。可以把离散的思考及抽象的文本内涵的思维与逻辑，转换为更高层次的、更开阔的、有联系的、更系统的图像思维，激励学生生发不同观点或者帮助学生在遇到复杂问题时愿意积极地从多个角度思考，努力探寻解决问题的方法。

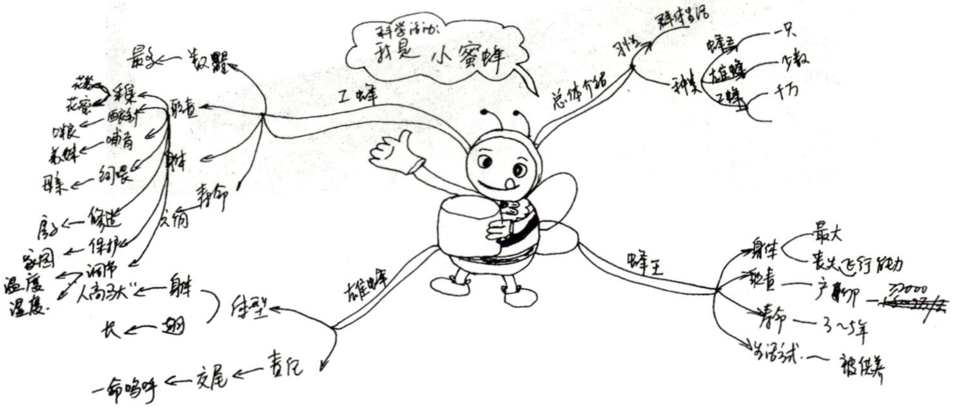

图 5-1-38　科学活动《我是小蜜蜂》思维导图

这名同学利用思维导图对科学活动《我是小蜜蜂》进行了分析：以小蜜蜂为中心，进行总体介绍，再从多个角度分析蜂王、雄蜂和工蜂，最后归纳出不同蜜蜂的特点。这样，借助思维导图，发散思维，从概括认识到发现事物的本质，很好地训练了学生思维的系统性。

系统论的基本原理告诉我们：事物是相互联系的，而且这种联系不是杂乱无章的，而是按照一定的规则和先后顺序展开的。皮亚杰谈论儿童思维发展的特点时说过，儿童是很少有系统性的，他们的思想联系不足，演绎不够，总的来说缺乏避免矛盾的需要，倾向于判断的平面状态而不是加以综合，满足于混合性的图式而不加分析。换句话说，儿童思维更接近于同时出于行动和幻想的定势的总和，离系统的和有意识的成人思维较远。

为此，尊重儿童思维存在系统性不足的特点，我们能够做的就是“回到原点”，充分发挥儿童与生俱来的喜爱画图记事等吸收知识的特点，尝试借助绘制思维导图的外部动作作为学生展开思维活动的辅助手段，帮助学生全方位展开阅读理解和分析，引导其进行系统思考，让学生借助思维导图变深入领悟、整体把握文章的结构框架的学习过程为简简单单的画图过程，简单得像幼儿时期的边乐边画，让学生更容易、更直观地从思维导图中发现和理解，形成良好的语感。

例如，一年级学生学习《四季》这一课。

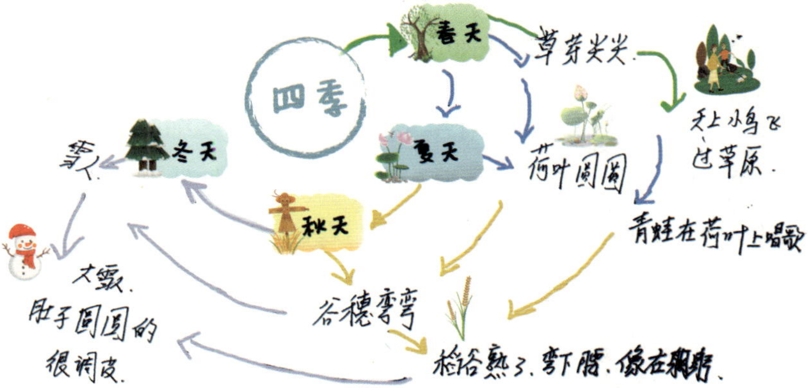

图 5-1-39 《四季》棒棒糖形导图

李佩红老师利用棒棒糖形导图，通过简单的景物图标和关键词提取，直观呈现了儿歌《四季》，围绕“四季”的中心主题展开“草芽尖尖、荷叶圆圆、谷穗弯弯和雪孩子大肚子一挺”的景物描写。

教师还及时关注与适时点拨。通过添加连线，丰富导图内容，让学生产生联想：春天，天上小鸟飞过草原的绿意盎然、欣欣向荣之象；夏天，青蛙在荷叶上唱歌的活泼有趣；秋天，稻谷熟了、弯下了腰，像在鞠躬的硕果累累的景象；冬天，雪孩子肚子圆圆的，很调皮，很可爱，很好玩的样子……导图调动了学生的积极思维，系统整合不同季节有代表性的动植物的特点和不同季节景观特色，提升学生的想象力与思考力。

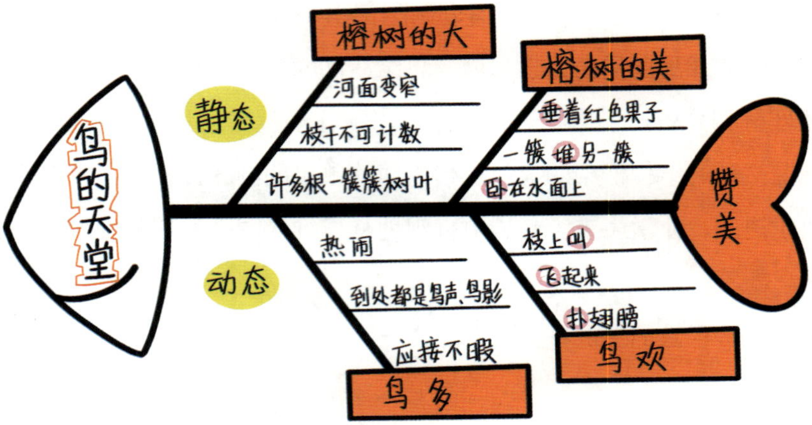

图 5-1-40 《鸟的天堂》鱼骨图

又如，应用鱼骨图对文章内容进行分析整理和归纳，以上这幅鱼骨图对巴金的《鸟的天堂》一文进行了分析和整理，鱼主骨延伸的四根鱼刺将巴金在“鸟的天堂”的所见所闻进行了归纳呈现。巴金第一次来到“鸟的天堂”并没有看到鸟，他看到的都是榕树的静态景象，欣赏着榕树的茂盛和美；巴金第二次来到“鸟的天堂”看到了许多的鸟兴奋地飞着、叫着，呈现出一片繁荣的动态景象。文章通过动静结合的手法对“鸟的天堂”进行描写，表现出作者对“鸟的天堂”的赞美之情。运用鱼骨图来分析整理文章，可以让我们抓住文章主干与结构，提高整理归纳能力。

图 5-1-41 是二年级学生为帮助提示自己复述故事《我们的强强》而绘制的金字塔图。该金字塔图以总—分—总的形式记录故事内容：有一颗来历不明的蛋，它就是强强，大家发现这颗蛋的时候，都认为是自己的孩子，都想把自己的本领教给这个未出生的小家伙。金字塔图的中间两层就介绍了强强破壳而出后跟着各位“妈妈”学习各种本领，由图可知，强强跟母鸡学习孵蛋，可是没有成功；跟蜂鸟学习采蜜，也没有成功；跟鸵鸟学习跑步跑不快；跟信天翁学习飞翔也失败了；最终跟鸭子学习游泳，学会了在水中自由地漂游。最后，金字塔图在第五层总结了强强的故事，即强强有自己擅长的本领，他的本领就是游泳。通过这个故事告诉学生们：每个人都有自己的本领，要不断地实践，

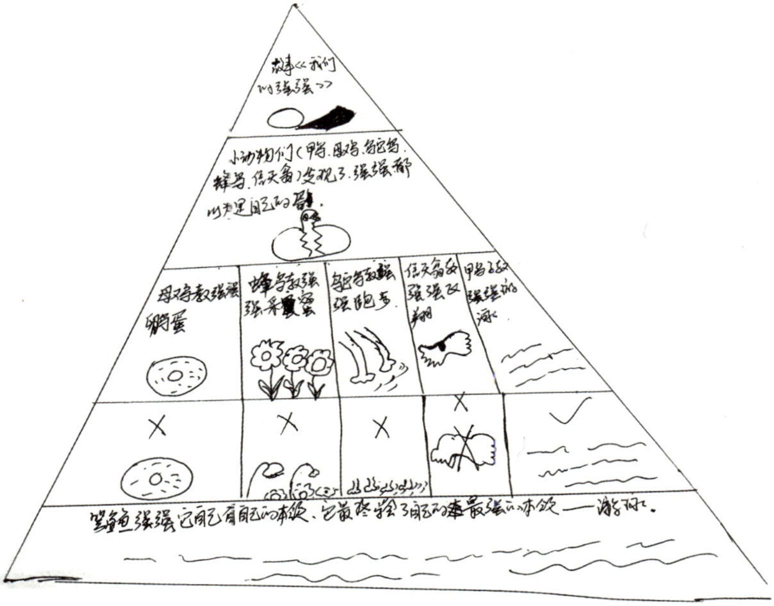

图 5-1-41 《我们的强强》金字塔图

去发现自己擅长的领域。金字塔图这种呈现结构性思维的方式，既培养了学生独立观察、独立思考和独立发现的能力，又训练了学生分析整理和归纳的能力，提升了学生的批判性思维。

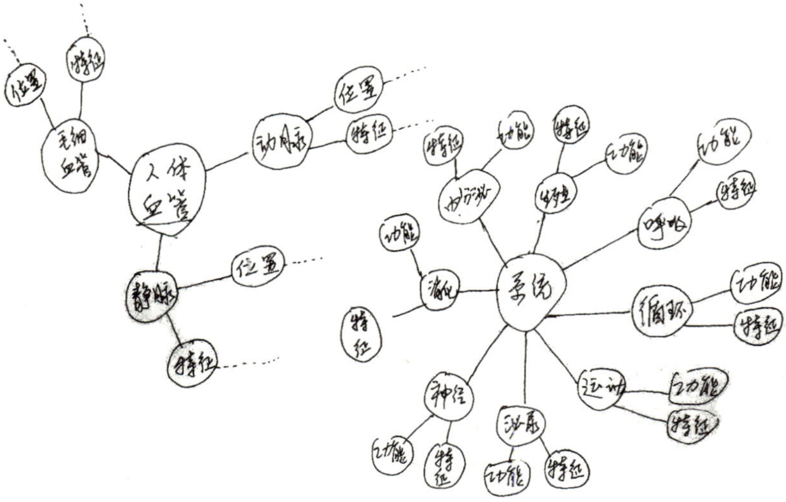

图 5-1-42 《人体血管和系统》气泡图

图 5-1-42 是运用气泡图深入分析人体血管和系统的过程。学生利用气泡图分别对人体血管和系统中的各个组成元素进行分析整理，从而对人体血管和系统的结构及各个组成部分达到更加清晰的认识与理解、拓展知识学习的深度和广度，同时培养了学生分析、整理归纳相关知识和多种信息的能力。

导图的应用，正是通过直观图示助力学生思维发展。应用导图学习知识的设计理念是建构主义心理学，主要是给予学生支架，让学生能借助支架参与知识建构，获得思维训练，提高思维品质。

就人的发展来说，人文底蕴的积淀与科学精神的形成，创新能力的提升等，所有这些都是需要在知识积累的同时发展思维。因此，人的发展，关键是提升思维。我们引导学生从小开始，变单纯的知识学习为思维训练，培养良好的思维品质，使学生在学到知识的同时，能为未来发展打下坚实的思维基础。这样，将来处事才能更通情达理，更有独立自主意识，更有独创精神。

二、化外显知识为内隐智慧

知识是人类在已经经历过的实践、探索和研究中获得的，包括事实、信息的描述或在教育和实践中的技能等已有成果。智慧是人的辨析判断和发明创造的能力。智慧，隐于内心，影响着人的道德品行、生活态度、审美尺度、是非判断、人生目标、志趣取向和创意实践。

画导图，能让思维框架更加突出鲜明，带给人一种思路清晰、一目了然的感觉。学生从画导图自学，到与同伴议导图共享学习成果的过程，自始至终处于扩展和开放的学习状态，是知识重构的过程。学生可以自主地逐层深入探究，一环扣一环地进行深度分析，同时又可以充分发散思维，借助导图导航自己的思想，自由地拓展思维，丰富智慧。

1. 影响道德品行

从小画导图学习，更利于把传统美德铭记心中、指导言行，将其作为自己为人处世的道德信念。

例如，幼儿园小班情景阅读课《小兔分萝卜》。画鱼骨图，直观了解和分析兔子们分萝卜所经历的三个过程，让孩子懂得遵守规则的重要性，使孩子心中萌生礼让、守序、感恩的意识和情感，感受互相关心的快乐。

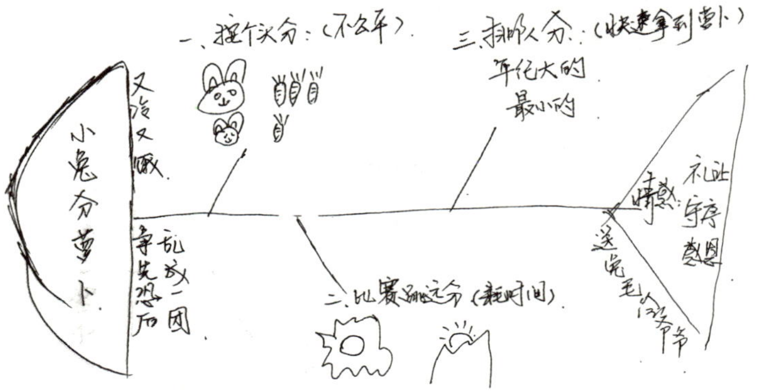

图 5-2-1　幼儿园《小兔分萝卜》鱼骨图

对于幼儿园小班的小朋友，需要他们领会小故事中蕴含的深刻寓意和哲理，好像比较有难度。但是应用鱼骨图却使这一切变得轻松、直观，学生容易理解，并影响着他们今后道德品行的形成。

2. 影响生活态度

画导图学习部编人教版小学二年级语文下册的童话故事《小毛虫》，可以对故事描写的内容更明了，轻松读懂。绘图者用图标和关键词，画出了故事中的主人公一只小毛虫，从爬行到结茧，最后破茧羽化的变化过程。教师以此辅助学生快速记忆故事的内容，回味故事的寓意，让学生领悟到要活在自己的时区里，不急不躁，自然界的万事万物都有自己的规律的道理。教师的任务不仅仅是让学生认识几个生字，记住重点句子含义，背会一篇课文，更重要的是，带领学生在课文学习中有所感悟。其中蕴含的道理将会种在学生心里，化作日后的一种生活态度。

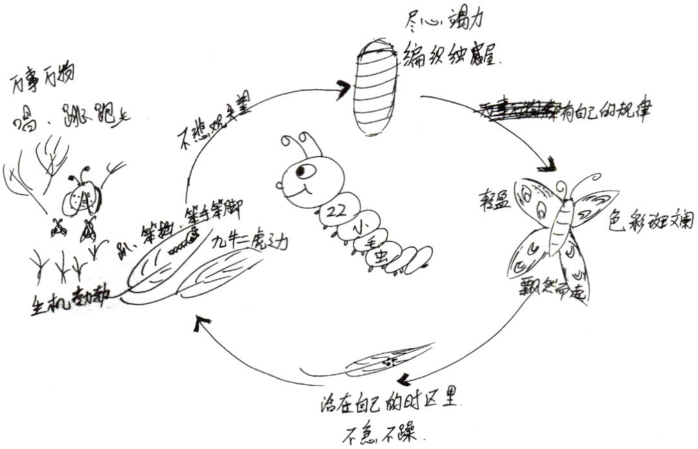

图 5-2-2 《小毛虫》棒棒糖形导图

3. 影响审美尺度

小学二年级美术课《点线面》。画出韦恩图，直观认识点、线、面相对独立，却密切联系、彼此交织的关系。点、线、面无处不在，常常合为一体，共同美化着大自然和我们的生活。在生活中随处可见，人们用点、线、面组合成图案装点服装、食品包装、生活用品等，使生活充满了艺术魅力。

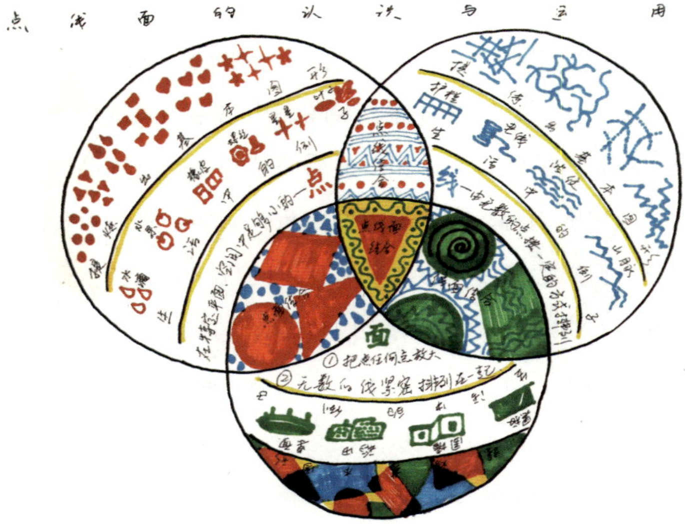

图 5-2-3 美术《点线面》韦恩图

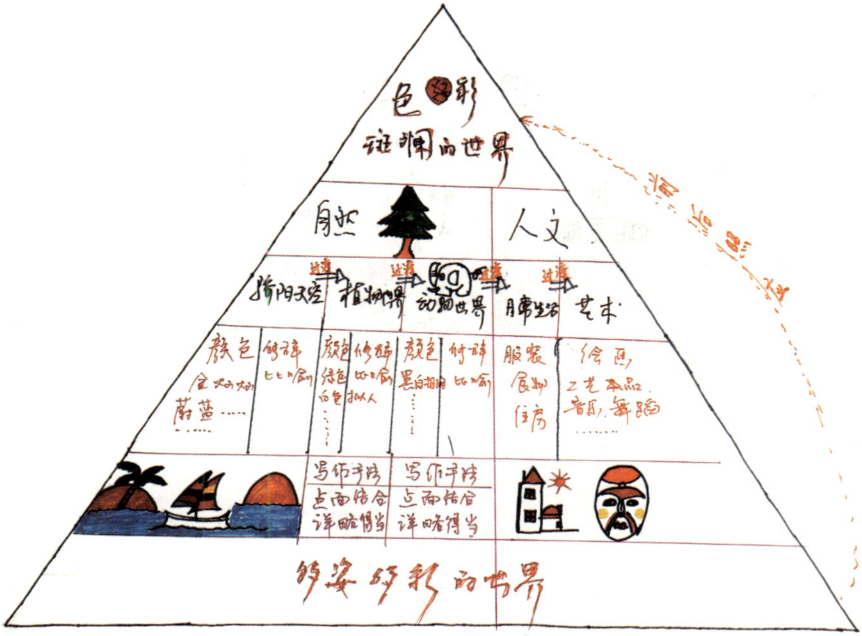

图 5-2-4 《彩色的非洲》金字塔图

例如，学习部编版语文五年级下册《彩色的非洲》。学生抓住中心句、过渡句、关键词等画金字塔图，梳理出文章脉络和整体结构。该导图清晰展示出全文围绕“辽阔的非洲，是一个色彩斑斓的世界”这一中心句以饱满的热情展开描写，写出非洲的骄阳蓝天、花草树木、动物、艺术世界和人们日常生活中的彩色。

应用导图直观地分析、归纳和学习美学，赏析文章，其中发现美、欣赏美和创造美的精神，将对学生今后个人审美能力的培养、审美尺度的确定产生重要影响。

4. 影响是非判断

小学五年级学生阅读故事《将相和》，这个故事出自司马迁的《史记·廉颇蔺相如列传》。画韦恩图，把廉颇和蔺相如之间发生的“完璧归赵”“渑池之会”和“负荆请罪”三个小故事凸显出来，直观地引起学生关注故事中最值得我们深思的地方，通过具体事件分析人物。

图 5-2-5 《将相和》韦恩图

廉颇：高傲、嫉妒，但是知错能改，勇于负荆请罪。

蔺相如：机智无畏，有容乃大，深明大义。

借助韦恩图，统整故事中的人和事进行综合分析，得出结论：都以国家利益为重，抛弃个人的恩怨，则将相和；将相和，则天下和。

这样应用导图深化阅读理解，指导进行深刻的思考，往往对日后学生的是非判断方式与是非判断能力的提高有很大的帮助。

5. 影响人生目标

小学五年级学生学习部编版小学语文课文《梦想的力量》，应用棒棒糖形导图导读，边阅读，边思考，并把“瑞恩的梦想是什么？是怎么实现的”用关键词概括性地标在导图中，自主领会“激励自己，感化他人，拯救生命”的梦想的力量是多么巨大。

图 5-2-6 《梦想的力量》棒棒糖形导图

画导图自读自悟，更利于学生自主深度研读课文，思考人生，乃至对今后个人努力方向和人生目标的确定产生影响。

6. 影响志趣取向

例如，初中语文《礼记·中庸》有一句关于治学的名句“博学之，审问之，慎思之，明辨之，笃行之”。如果用蝴蝶图，就可以直观清晰地看到这几个治学思想之间的关系是：要广泛地向多方面学习，但是要有自己的慎重思考；要详细地问，但是更要明确地分辨，踏踏实实地行动。应用蝴蝶图培养出批判性思维，凡事审慎思考，不人云亦云。这样应用导图引导辩证的

图 5-2-7 《礼记·中庸》蝴蝶图

思考，对培养、提升学生的思维品质，对学生日后的志趣取向，都具有潜在的影响。

7. 影响创意实践

任何一个人的创造力，都受其知识水平、生活经验及思维习惯等的影响。如果从小就能养成应用导图进行思考的习惯，就会更懂得灵活运用所学知识，结合一定的生活经验，展开创造性的活动。

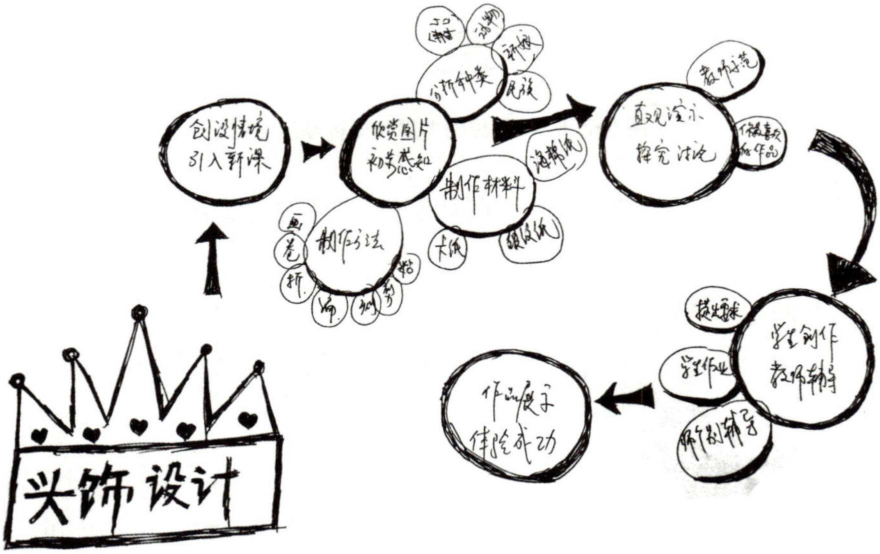

图 5-2-8　美术《头饰设计》棒棒糖形导图

例如，小学二年级的美术课《头饰设计》。在知识与技能教学目标了解头饰的组成、材料和外形特点的基础上，应用导图，指引学生的关注点，转向思考讨论头饰帽圈与头部的关系。再通过设计与制作，在实践中掌握制作头饰的方法，理解美术与生活的密切关系，通过观察思考、大胆创造和动手实践，体验化设计为实际之后成功的喜悦。

图 5-2-9　美术《我的书包》思维导图初稿

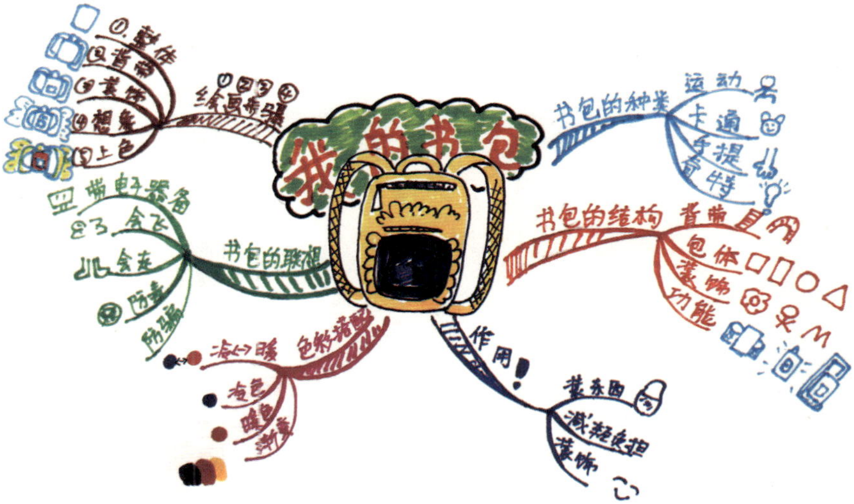

图 5-2-10　美术《我的书包》思维导图终稿

例如，小学五年级美术课《我的书包》。在学习设计造型，设计理想中的书包的过程中，改变思维方式，应用导图指引设计。

从画草图只想到书包的种类和结构，初步构思画图步骤，到不断修改完善导图，思考不断地深入，不断地拓展，直至对于书包的色彩、搭配等方面都进行了全面思考，引导出具有创造性的发散思维，激发出更强的好奇心和创新欲望，调动逆向思维、复合思维和发散思维等多种创造性思维，催化出更多的创意灵感和创造性实践。

由上述例子可见，在画导图的过程中，没有哪一个图标是标准答案，没有哪一幅导图是最正确的。每一回独自咀嚼，每一回自由选择导图工具进行知识的整理和消化，每一回广辟蹊径、开阔思路寻求多种理解的思维过程，都是个性化的学习，没有上限甚至可以跨界地学习。这是从解决具体问题，到学会解决同类问题的思维方法，化外显知识为内隐智慧的学习。此学科跨界进入彼学科，学生从学科知识学习到道德品行等方面都发生变化。

导图工具，有助于外显知识的结构，助力分析实际问题，找到解决实际问题的方法或启发创造的新思路，生成内隐心中的智慧。

第六章
重全面发展　成就管理名师

导图应用既能促进学生思维培养，也能促进教师的专业成长。教师除了承担常规教学外，或许还有可能成为学校行政、管理人员。对这种角色转换，如何有效优化和提升学校的管理，是必须经历的实践过程。我们提出，可以运用思维工具，提升学校管理方略，有效进行学校管理。

一、宏观管理

1. 文化建设

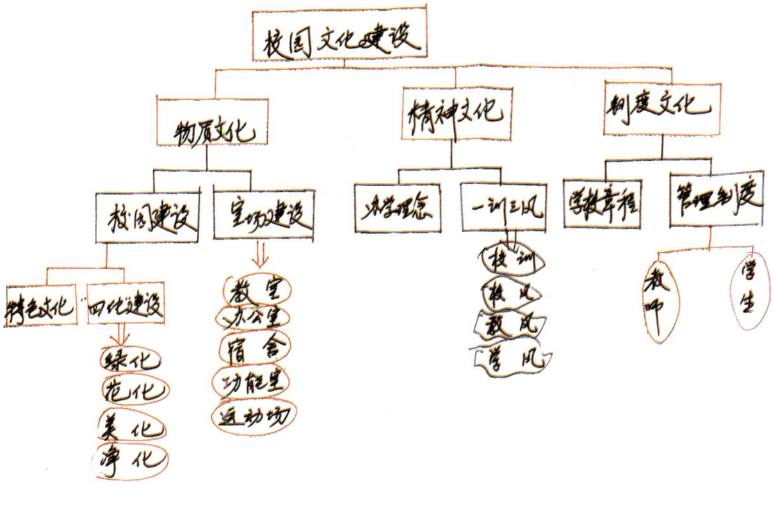

图 6-1-1 《校园文化建设》树形图

以上是多位名校长合作完成的一幅树形图，该导图通过分类归纳，以树形结构呈现了校园文化建设所应包含的内容，并通过层层细化直至校园文化建设的实施点。从导图中可以清晰地看到校园文化建设包含了物质文化、精神文化、制度文化三方面的建设，各方面又逐渐细分出更多的子项目，这样的树形图帮助我们更清晰地了解这几位名校长对校园文化建设的整体框架，更有助于在校园文化建设过程中进行分工合作。

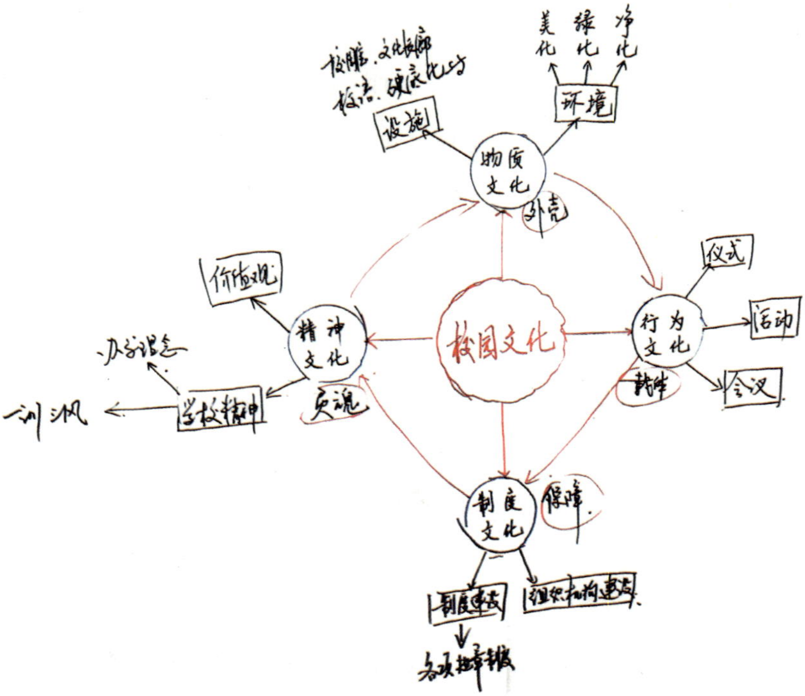

图 6-1-2 《校园文化》气泡图

以上气泡图围绕主题“校园文化”拓展出校园文化建设的四个主要方面，并对每一方面以关键词作为作用说明，各方面又逐渐细化出更具体的实现方式，使整个导图在内容上更加饱满。从导图中我们可以得知，在校园文化建设过程中，“精神文化”是灵魂，“物质文化”是外壳，形与神的结合令校园文化建设更立体；“行为文化”作为载体，“制度文化”作为保障，使校园文化建设落到实处，在建设过程中，对学校工作内容进行分析归纳与细化，更有利于计划的实施与开展。

2. 学校管理

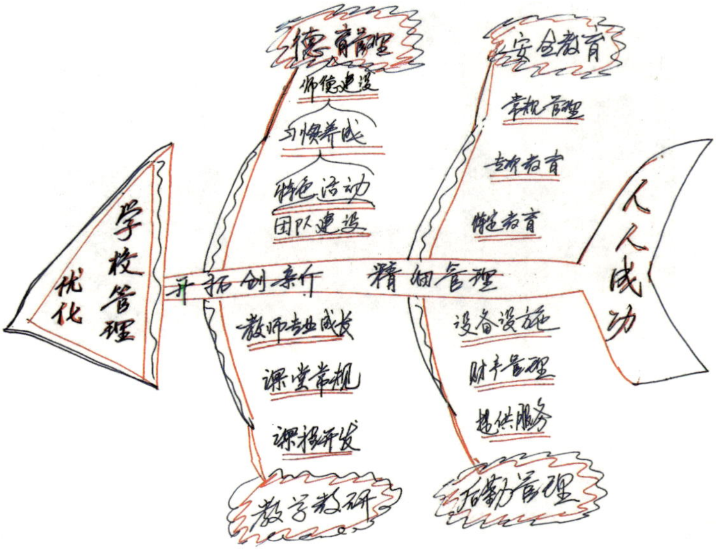

图 6-1-3 《学校管理优化》鱼骨图

以上鱼骨图直观地表达了对如何进行“学校管理优化”的见解，通过分析整理与归纳，作者认为“学校管理优化”的中心思想应是“开拓创新、精细管理”，并在鱼骨图中以鱼主骨来表现该中心思想应是贯穿“学校管理优化”始终的。围绕该中心思想，导图由鱼主骨延伸出的四根鱼刺作为学校管理优化的主要工作内容，即在中心思想的指导下，将教学教研、德育管理、安全教育、后勤管理作为着力点来开展工作，将有助于实现“人人成功”的理想状态。以鱼骨图的形式来梳理学校管理工作，有助于教学支持者对工作的准确把握并形成清晰的工作框架与思路。

3. 精细化管理

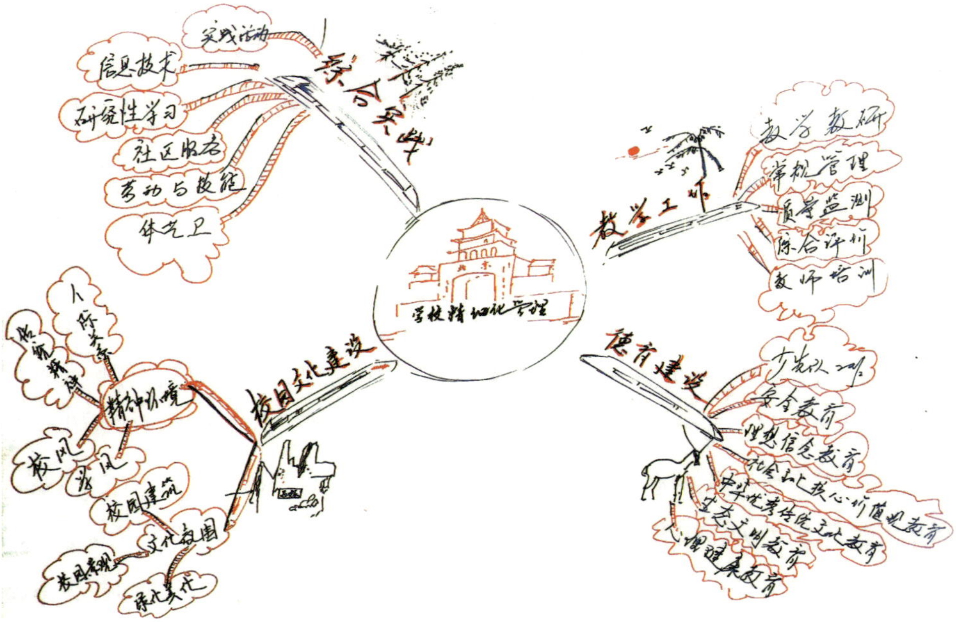

图 6-1-4 名校长分享《学校精细化管理》思维导图

以上思维导图来自多位名校长的合作，他们介绍了学校精细化管理所包含的主要任务以及与各主要任务相关的子任务。从“学校精细化管理”这一中心主题延伸出的四大要素我们可知，要想实现学校精细化管理必须从综合实践、教学工作、德育建设、校园文化建设四方面入手，而“精细化”则主要体现在各主要任务延伸出的更多分支上，各部分的逐层细化将学校管理工作梳理得更加明确、精细。利用思维导图从整体与细节上对学校管理进行整理归纳，更有利于学校管理的全局把握和顺利开展。

4. 办学理念

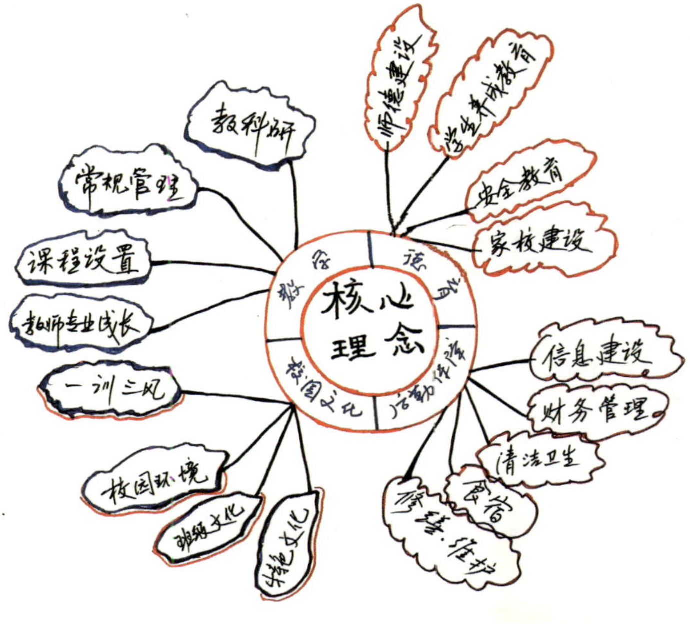

图 6-1-5 《学校管理的核心理念》环形图

以上导图通过环形图与思维导图的结合，向我们呈现了学校管理的核心理念，处于中心的环形图表明办学的核心理念包含了“教学”“德育”“校园文化”“后勤保障”四方面的主要内容，四者缺一不可，而各分部又通过思维导图的形式来说明相关的具体实施方式。以环形图结合思维导图的形式来分析整理工作任务，可以让我们从整体上把握工作内容，从细节上实施工作，促进学校工作的整体推进。

二、部门管理

1. 德育管理

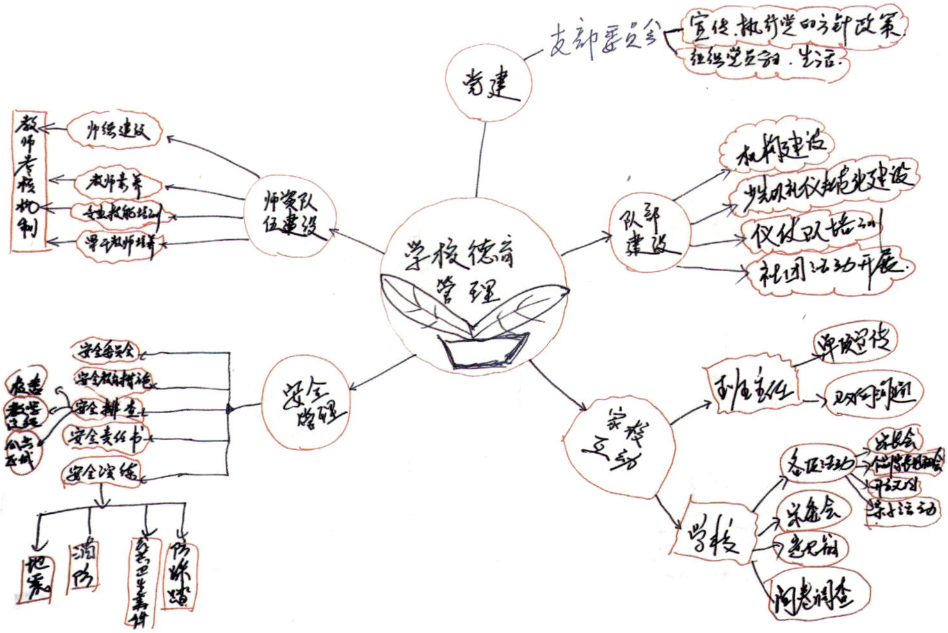

图 6-2-1 《学校德育管理》气泡图

以上这幅气泡图，围绕“学校德育管理”这个中心主题进行导图构建。由图可知，学校德育管理应从师资队伍建设、党建、队部建设、家校互动、安全管理五方面入手，而这五方面又各自延伸出更多的细节分支来说明如何进行相应的任务实施。以气泡图与思维导图结合的形式来梳理学校德育管理，有助于学校管理者掌握整体管理格局，亦对各项管理内容有更清晰的认识，助其形成清晰的管理思路，进行合理的任务分配。

2. 教学管理

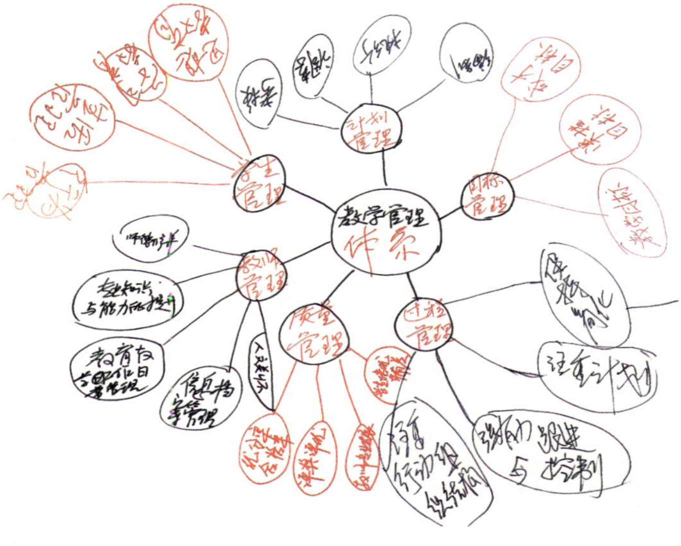

图 6-2-2　名校长分享《教学管理体系》思维导图

以上是多位名校长共同完成的一幅思维导图，该导图向我们呈现了“教学管理体系”这一中心主题所包含的六要素，即学生管理、教师管理、质量管理、过程管理、目标管理、计划管理，这六要素的协调推进有助于教学管理体系的完善和发展，教学管理体系的六要素又各自延伸出相关的具体管理方式与内容。整个教学管理体系用思维导图对教学管理项目进行了内容上的划分以及细节上的补充，帮助我们梳理了教学管理的工作与任务，使我们对教学管理有了更清晰的认识与把握。

3. 班级管理

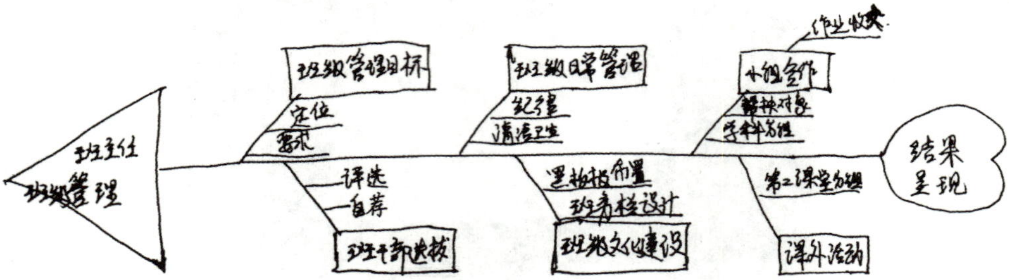

图 6-2-3 《班主任班级管理》鱼骨图

阳山韩愈中学黄开南老师利用鱼骨图对班级管理进行了分析：以“班主任班级管理”为中心主题，围绕班级管理目标、班干部选拔、班级日常管理、班级文化建设、小组合作和课外活动六方面展开工作，将目标定位、目标要求、评选、自荐、纪律、清洁卫生、黑板报布置、班务栏设计、帮扶对象、学科分组、作业收交、第二课堂分组等细节融入其中，给其他新手班主任以丰富全面的班级管理知识，也体现了黄老师善于从工作实际中总结自己的班级管理策略，并通过鱼骨图进行抽象与概括的表达。

三、项目管理

1. 体育

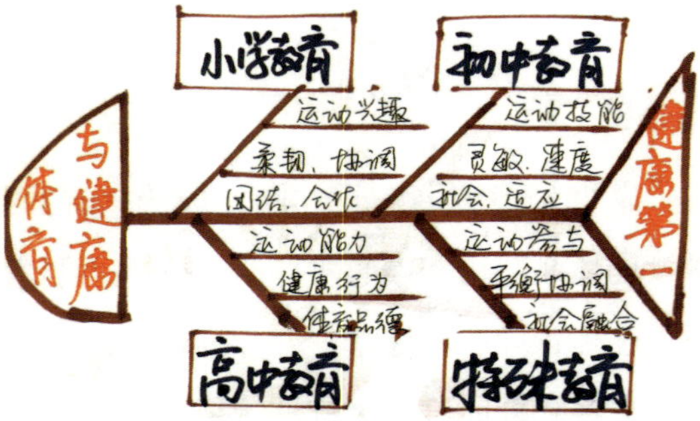

图 6-3-1 《体育与健康》鱼骨图

右侧鱼骨图向我们呈现的是在不同阶段或不同学制的教育中，对体育与健康教育所应关注的重点进行的分析和梳理。该鱼骨图中的鱼头呈现了主题“体育与健康”，以鱼主骨为主干延伸出四根鱼刺分别对小学教育、初中教育、高中教育和特殊教育这几个教育阶段的体育与健康教育教学目标与目的进行整理，并在鱼尾处总结了无论处于哪个阶段或学制，体育与健康教育都是以“健康第一”为核心目标。以鱼骨图的形式对体育与健康教育的目标进行分类说明，使我们对体育与健康教育的认识更直观、更深刻，更容易把握在不同情境下所应进行体育与健康的训练与指导。

2. 校园足球

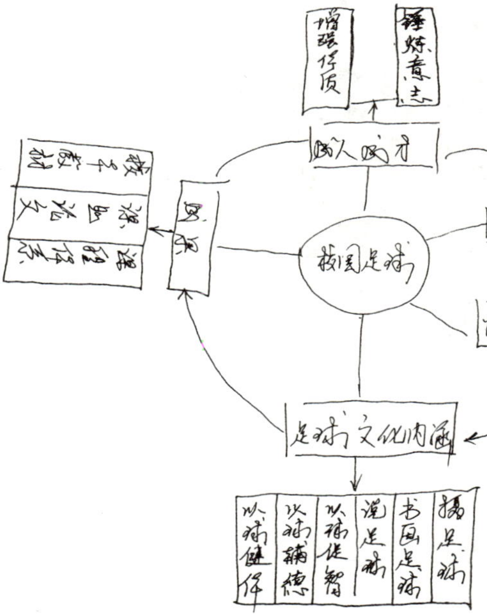

图 6-3-2 《校园足球》环形图

英德望埠中心小学吴基敏老师利用环形图直观地介绍如何整体规划和开展校园足球项目。首先，要有组织机构，然后是项目管理层面要做好对场地、课程、师资、经费、赛事等方面的保障，设计有助于学生了解足球文化内涵的丰富多彩的活动，设计校园足球项目的成果展示形式，以及明确校园足球项目的开展对培养足球人才方面的重要意义。

3. 六一

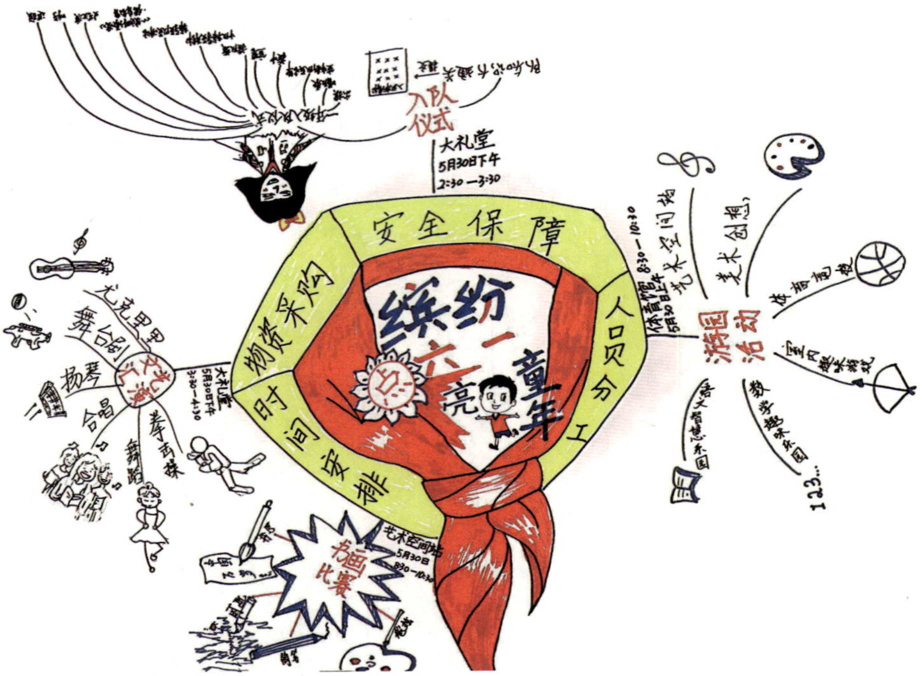

图 6-3-3 《缤纷六一点亮童年》环形图

以上这幅精彩的思维导图，直观显示了“六一”儿童节的活动组织安排计划。环形图围绕“缤纷六一点亮童年”这一活动主题设置了四个前期任务，即从时间安排、物资采购、安全保障、人员分工四个方面共同保障“六一”活动的顺利进行。发散开的四个分支分别代表活动过程的主要组成部分，直观说明了各子活动的时间、地点安排以及所包含的子项目。从整体上看，这幅导图图文并茂、生动形象，既有全局又有细节地传递信息，把活动的整体方案和具体安排展示出来，让人一目了然。

附录
简介几种其他导图

1. “Y”“X”“W”线图

“Y”“X”“W”线图

“Y”“X”“W”线图，帮助学生学会分类记录看到的、听到的、想到的、接触到的等多方面内容。

2. 双气泡图

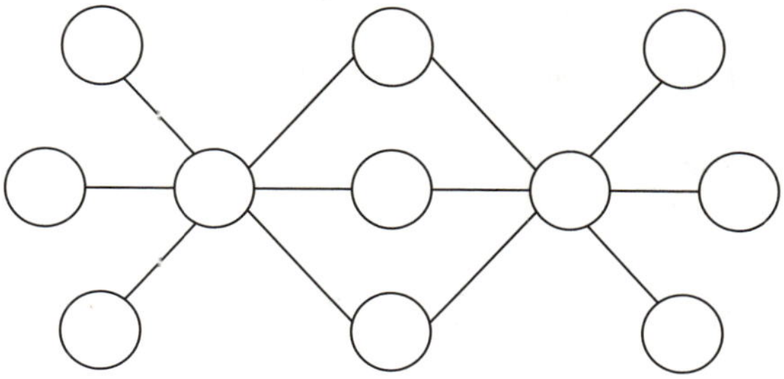

双气泡图

双气泡图是两个单气泡图叠放在一起，两边没有重叠部分是两个主题的不同点，中间有重叠的部分是它们的共同点。双气泡图能更好地帮助学生学会直观地进行区别和对比异同点。

3. 流程图

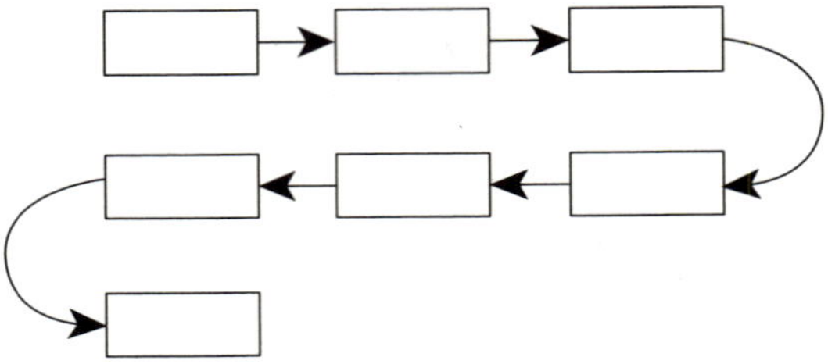

流程图

流程图由方框和箭头组成，方框代表事件环节，箭头代表方向。流程图能帮助学生学会分析事物发展的先后顺序和内在逻辑。

4. 流型图

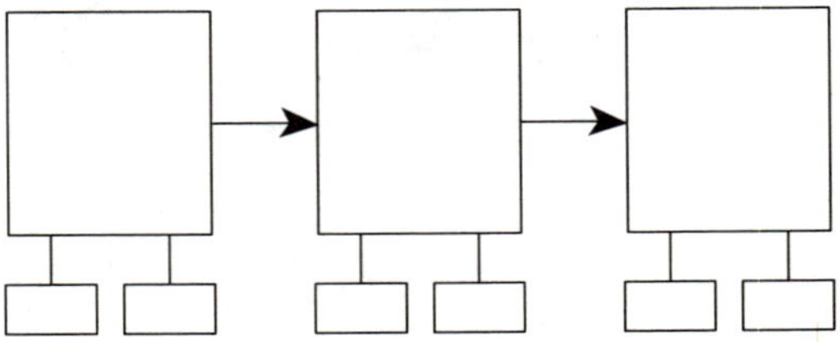

流型图

流型图由方框和箭头组成，方框表示主题，箭头表示先后顺序，其原理是从先后顺序的角度去分析事物的发展顺序、内在逻辑。流型图能帮助学生学会直观地对主题或事物发展顺序进行排列。

5. 复流图

复流图也叫“因果关系图”，可以帮助分析一个事件产生的原因和导致的结果。正中间是事件，左边是事件产生的多种原因，右边是事件导致的多个结果。复流图，能帮助学生学会直观地表示内容之间的因果关系。

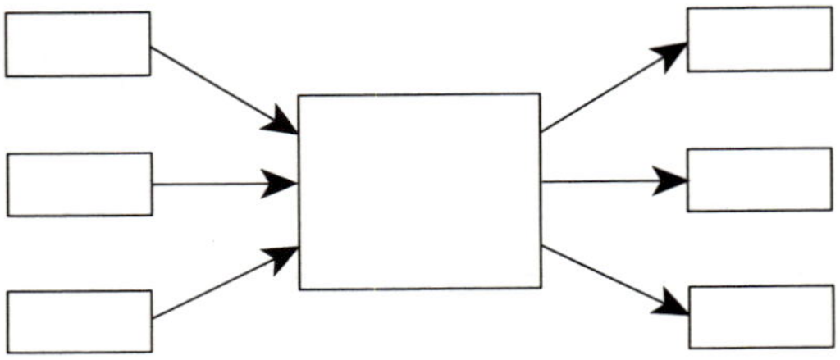

复流图

后 记

“莲花荷叶共池中，花叶年年绿间红。”从2010年开始，笔者成为首批广东省中小学教师工作室主持人中的一员，后来成为新一期（2018—2020年）广东省中小学名教师工作室主持人，现在是（2021—2023年）广东省中小学名教师工作室主持人。这么多年来，笔者在这个平台有幸与无数优秀的学员教师相遇，在和他们的培训交流学习中深入思考，在彼此思维碰撞与提炼下共同成长。

本书是笔者的第五部作品。和之前的教育专著《释放语文学习的原动力》《图解语文》《导图导学——我的教育叙事》《思维导图画出好作文》及丛书《天生会表达》（全套共13册）一样，本书记录了笔者用“导图导学”法帮助学生跨越学习的障碍，帮助学生直观地掌握发现问题和解决问题的思维方法，提升学生高阶思维的实践过程。和前四本书不同的是，本书更多的是实例解析，集合了每次参与培训交流的各个学员的智慧，一个个鲜活的案例都是培训过程的重现。

本书继续着重于阐述导图导学的本质——基于前期对导图导学的研究，以促进学生思维发展与提升为培养目标，详细梳理当前研究现状。结合各学科的教学内容，特别是小学语文学科的以读促写、导图导读导写等教学理念，以非连续性文本阅读为切入点，对义务教育小学语文教材进行重组，形成基于部编教材的导图导读导写教学资源，解决小学生语文教学中学生逻辑思维欠缺、深层次阅读不够、习作思路可视化不足等问题，创建基于导图导读导写的育人新模式，期望更好地提升学生的逻辑思维能力和阅读素养。

本书又不仅仅关注导图导学在小学教育教学中的运用，不仅仅局限于语文学科，还包括来自省内外的学员代表，幼儿园、小学、中学的教师，融合数学、英语、美术、音乐、体育各学科，出自学生、教师和名校长的各类导图作品，呈现了各式创新思维，这一切无不告诉我们——知识学习往往不是终点，而是解决问题的起点。

化难为易是问题解决的重要思路，是学习者能够自主解决问题的关键。导图能够对一段话、一篇文章进行简单呈现，在不失文章大意的情况下，学习者利用可视化的图谱对文章主旨进行自主思考，培养自己利用工具解决问题的意识。

要想创造性地解决问题，就需要自己对知识有足够的理解和认识，需要把握知识点之间的内在关联。学习者能够把所学内容按照逻辑顺序排列，形成个性化导图，就能最终达成自己对知识点的独特理解。

通过画导图的方式进行学习，学习者可以改变单纯的学科教学内容的学习积累，找到知识规律和辅助掌握学习同类知识的方法，将思维潜能激活。这对学习者的未来意义深远。

画导图，有助于学习者阅读理解，直观深化思考，激活潜能。

画导图，有助于学习者提高独立学习、独立思考的积极性，能培养学习者独立分析问题、努力解决问题的习惯；有助于直观深入思考，提高思维品质，培养创新精神。

感恩在和大家共同学习探索的过程当中，本书思维成果有了更多创新，内容涉及领域有了更多拓展，使这种教学方法有了涉及各年段各学科的实操案例；感谢在这个过程当中与“导图导学”一起成长起来，为本书提供图片的每一位师生！还要感谢罗力强老师、钟艳娟老师和钟遂贤老师，他们协助整理资料、处理图片和审读，为本书顺利付梓付出了许多艰辛劳动，在此一并表示衷心感谢！